# Beiträge zur Altertumskunde

Herausgegeben von
Michael Erler, Ernst Heitsch, Ludwig Koenen,
Reinhold Merkelbach, Clemens Zintzen

Band 137

K · G · Saur München · Leipzig

# Märchen und Mythos in der Antike?

## Versuch einer Standortbestimmung

Von
Georg Heldmann

K · G · Saur München · Leipzig 2000

Die Deutsche Bibliothek – CIP-Einheitsaufnahme

**Heldmann, Georg:**
Märchen und Mythos in der Antike? : Versuch einer Standortbestimmung / von Georg Heldmann. – München ; Leipzig : Saur, 2000
(Beiträge zur Altertumskunde ; Bd. 137)
Zugl.: Erlangen, Nürnberg, Univ., Diss. 1998/99
ISBN 3-598-77686-1


Gesamtherstellung: Druckhaus „Thomas Müntzer“ GmbH, 99947 Bad Langensalza

*patris piae memoriae sacrum*

DR. PHIL. HORST HELDMANN
(19.12.1929 - 17.12.1978)

## Vorwort

Die vorliegende Arbeit ist eine leicht veränderte Fassung meiner im Wintersemester 1998/99 von der Philosophischen Fakultät II der Universität Erlangen-Nürnberg angenommenen Dissertation. Die Anregung zu dieser Untersuchung geht auf meine im Jahr 1995 bei Frau Professor P. E. Easterling in Cambridge angefertigte Magisterarbeit *Shape-shifters in Classical Literature and Tradition* zurück. Zunächst war es meine Absicht, diese Arbeit zu vertiefen und die literarische Verwendung der genannten Gruppe mythologischer Figuren in einen größeren Rahmen zu stellen. Dabei fiel mir auf, daß die *shape-shifters* von der gelehrten Literatur regelmäßig als Märchenfiguren gedeutet werden. Um auch diesem Aspekt gerecht zu werden, begann ich mich mit der Gattung „Märchen", ihren (vermeintlichen) Resten aus der Antike und zugleich ihrem Verhältnis zum Mythos zu beschäftigen.

Im Verlauf meiner Nachforschungen stellte sich heraus, daß seit den Brüdern Grimm die meisten Philologen wie selbstverständlich von der Existenz des Märchens bereits in der Antike und seiner Koexistenz mit dem Mythos ausgehen, ohne daß diese These trotz evidenter Unstimmigkeiten jemals unvoreingenommen überprüft worden wäre. Bevor ich nun an die Interpretation antiker „Märchenfiguren" gehen konnte, glaubte ich, zunächst der Frage nach dem antiken „Märchen" grundsätzlich nachgehen zu müssen. Somit ergab sich eine übergreifende, systematische Fragestellung, in deren Rahmen die *shape-shifters* als Einzelfall allerdings keinen Platz mehr fanden. Die zum Thema „Märchen und Mythos in der Antike" seit März 1999 erschienene Literatur konnte in meiner Untersuchung nicht mehr berücksichtigt werden.

Besonderen Dank schulde ich meinem hochverehrten Lehrer Herrn Professor E. Pöhlmann, der mich vom Beginn meines Studiums an gefördert und die vorliegende Arbeit mit Umsicht und großem Interesse betreut hat. Zu danken habe ich auch Herrn Professor H. Kugler für seinen Rat in Einzelfragen und die Übernahme des Korreferats und nicht zuletzt Frau Professor P. E. Easterling, die meinen Studienaufenthalt in Cambridge mit steter Fürsorge begleitet und sich als Korreferentin freundlich zur Verfügung gestellt hat. Auch ihr verdanke ich manchen wertvollen Hinweis. Zu Dank verpflichtet bin ich auch Herrn Professor M. Erler, der die Aufnahme meiner Arbeit in die „Beiträge zur Altertumskunde" befürwortet hat. Nicht zuletzt danke ich herzlich dem Leiter meiner ehemaligen Schule, des Melanchthon-Gymnasiums Nürnberg, Herrn

Oberstudiendirektor H. Fritz, der sich für einen großzügigen Druckkostenzuschuß aus Mitteln der Fenzel-Stiftung eingesetzt hat. An dieser Stelle möchte ich auch der Studienstiftung des deutschen Volkes für die langjährige Förderung danken.

Gedankt sei schließlich auch Herrn Privatdozent Th. Lambertz für hilfreiche Diskussion und sorfältiges Korrekturlesen, ganz besonder aber meiner lieben Mutter für die Erstellung des Manuskriptes und ihre liebevolle, stets engagierte Anteilnahme. Mein Vater, selbst Germanist und Volkskundler, hat mir in dem Teil meiner Kindheit, den wir zusammen verbringen durften, unermüdlich aus Grimms und Bechsteins Märchen vorgelesen. Seinem Andenken sei dieses Buch gewidmet!

Inhaltsverzeichnis

## 0. Einleitung

Seit die Gattung „Märchen“ durch die Brüder Grimm erstmals in den Blickpunkt wissenschaftlichen Interesses gerückt wurde, besteht in der Forschung, trotz einer Vielzahl verschiedener Märchentheorien, ein nur selten hinterfragter Grundkonsens über einige wesentliche Aspekte des Ursprungs und Wesens der Gattung, der seit Herder und der Romantik bis heute großenteils fortbesteht[1].

Das Märchen gilt, ebenso wie der ihm verwandte Mythos, als uralt; sein Charakter sei weitgehend statisch, so daß von einer Entwicklung der Gattung erst gar nicht ausgegangen zu werden brauche. Seine Existenz sei in der Regel auf den außer- bzw. subliterarischen Raum beschränkt geblieben, wie auch seine Überlieferung seit jeher fast ausschließlich durch mündliche Tradition erfolgt sei. Ein wichtiger Grund für die erst spät einsetzende schriftliche Aufzeichnung des Märchens sei in einer allgemein zu beobachtenden Märchenfeindlichkeit der Gebildeten zu suchen. Gleichwohl wird die Existenz der Gattung für Antike und Mittelalter oft genauso unhinterfragt angenommen wie für die frühe Neuzeit, als die ersten Märchenaufzeichnungen entstanden.

Diese schon fast als Forschungstopoi zu bezeichnenden Thesen nahmen ihren Ausgang naturgemäß von Germanistik und Volkserzählforschung. Sie wurden jedoch auch von der Klassischen Philologie weitgehend ungeprüft übernommen und werden hier (mit wenigen Ausnahmen) bis heute bei der Erklärung für märchenhaft gehaltener Passagen der antiken Literatur wie selbstverständlich vorausgesetzt, zumal man sich gerade in dieser Disziplin vielfach daran gewöhnt hat, vorschnell mit der Annahme verlorener Vorlagen erhaltener Texte zu operieren. In der Germanistik und Volkserzählforschung dagegen wird der soeben skizzierte Grundkonsens seit einigen Jahren verstärkt in Frage gestellt, wenn er auch bei weitem noch nicht als aufgegeben gelten kann.

Ziel vorliegender Arbeit ist es, von altphilologischer Seite die Gültigkeit der genannten Thesen kritisch zu hinterfragen und gleichzeitig zur Klärung des Verhältnisses von Märchen und Mythos beizutragen, freilich jeweils mit

---

[1] Einen fundierten, kritisch kommentierenden Überblick über „I as Bild vom 'Volksmärchen' in der wissenschaftlichen Literatur“ bietet Grätz 1988, 1-18. Cf. Põge-Alder 1994, die aus wissenschaftsgeschichtlicher Perspektive die Entwicklung der verschiedenen Märchentheorien systematisch darstellt.

Beschränkung auf den Bereich der Antike, jedoch nicht, eine neue Theorie zum Ursprung der Volkserzählgattung „Märchen" zu entwickeln.

Im Hinblick auf das genannte Ziel erscheint es nützlich, zunächst einige theoretische Überlegungen zur Gattung „Märchen" im allgemeinen und zu ihrer Beziehung zu den verwandten Volkserzählgattungen Sage und Mythos anzustellen, um den oft unscharf gebrauchten Begriff „Märchen" genauer einzugrenzen (Kapitel 1).

Danach folgt ein Forschungsbericht zur bisher von Altphilologen und Volkserzählforschern geleisteten Arbeit über das antike „Märchen" (Kapitel 2).

Um einen Raster zur Einordnung und Beurteilung des antiken Materials zu erhalten, werden sodann die Erzählgelegenheiten des Märchens in der Neuzeit und ihre Erforschung skizziert (Kapitel 3).

Anhand der so gewonnenen Kriterien werden in der Folge die üblicherweise als Belege für das Märchenerzählen in der Antike gewerteten literarischen Zeugnisse und der mögliche soziale Ort dieser Gattung in der Antike kritisch überprüft (Kapitel 4).

Aufgrund der so erzielten Ergebnisse soll schließlich versucht werden, zu allgemeinen Aussagen über die Existenz der Gattung „Märchen" in der Antike zu gelangen und zugleich ihre Stellung zum Mythos zu klären, bevor einige Überlegungen über die Beziehung der romantischen Volksmärchenkonzeption der Brüder Grimm zu den Testimonien für das Geschichtenerzählen in der Antike die Untersuchung abschließen (Kapitel 5).

## 1. Begriff und Wesen des Märchens

Da im Fortgang der Untersuchung die Gattung „Märchen“ eine wichtige Rolle spielen wird, gilt es zunächst, das mit diesem Terminus Gemeinte genauer zu bestimmen, um somit eine Grundlage für weitere Überlegungen zu gewinnen. Die eng mit der Frage nach dem Märchen in der Antike verknüpfte Frage nach Entstehung und Alter des Märchens im allgemeinen soll in diesem Kapitel allerdings noch unberücksichtigt bleiben. Die verschiedenen Meinungen in diesem Punkt werden vielmehr in Kapitel 2 wiederholt zur Sprache kommen. Nach einer knappen Übersicht über verschiedene Kriterien, die zu einer Begriffsdefinition des Märchens beitragen können (1.1), und einem Blick auf benachbarte Gattungen volkstümlicher Prosaerzählung (1.2) folgen abschließend einige Bemerkungen zur Existenz der Gattung „Märchen“ in außereuropäischen Kulturen (1.3).

### 1.1 Grundzüge des europäischen Volksmärchens

Die wissenschaftliche Märchenforschung hat in den knapp 200 Jahren ihrer Existenz eine Vielzahl verschiedener Kriterien zur Definition des Märchens entwickelt. Den Ausgangspunkt für diese Überlegungen bildete vor allem in Europa gesammeltes Märchenmaterial. Mögen die Schwerpunkte auch verschieden gesetzt sein, so besteht doch in einigen wichtigen Punkten weitgehend Einhelligkeit über Form und Wesen des Märchens, so daß dieser allgemein anerkannte Märchenbegriff -mit gewissen Modifikationen- die Grundlage auch vorliegender Arbeit zu bilden hat[1]:

Unter „Märchen“ versteht man eine mündliche Volkserzählung ohne individuell bestimmbaren Autor, die einen wesentlichen Teil ihrer Existenz oraler Tradierung verdankt. Die Sprache des Märchens ist die Prosa, auch wenn gelegentlich Verseinlagen auftreten. Klassische Geltung für den Märchenbegriff der folgenden Generationen erlangte die erste mit wissenschaftlichem Anspruch zusammengetragene Märchensammlung, die Kinder- und Haus-

---

[1] Cf. BP 4; Wesselski 1931; Thompson 1951; Jolles 1958, bes. 218-246; von der Leyen 1958; Karlinger 1988; Röhrich 1993; Lüthi 1996; Bausinger 1997.

märchen der Brüder Grimm (erschienen ab 1812), so daß Jolles mit einiger Berechtigung sogar von der „Gattung Grimm" sprechen konnte[2]. Nach heutiger Auffassung enthalten die KHM allerdings nicht nur Märchen im engeren Sinn, sondern auch zahlreiche Exemplare verwandter Gattungen der Volkserzählung wie Schwänke, Legenden etc.[3]

Zur besseren Abgrenzung von diesen Gattungen hat die neuere Forschung die Begegnung mit dem Übernatürlichen als wichtiges Unterscheidungskriterium herausgearbeitet und damit den Märchenbegriff auf das „eigentliche Märchen" bzw. Zaubermärchen eingeengt[4]. Diese Begegnung erfolgt allerdings nicht als Konfrontation zweier strikt getrennter Welten, vielmehr stehen im Märchen das Diesseitige und das Transzendente wie selbstverständlich auf einer Ebene und sind gleichsam Teil ein und derselben Dimension, was man gemeinhin als „Eindimensionalität" bezeichnet[5].

Das Geschehen des Märchens erhebt jedoch keinerlei Anspruch auf wirklichen Realitätsgehalt bzw. Glauben, vielmehr sind in ihm enthaltene mythische Elemente regelmäßig „entmythologisiert", sie sind „immer ihres eigentlichen Inhalts entleert und einfache Form-Elemente geworden."[6] Somit kann das Märchen primär der Unterhaltung dienen, seine Fiktionalität wird weder vom Erzähler noch von den Zuhörern ernsthaft in Zweifel gezogen[7].

Gemäß seinem Charakter als reine Fiktion ist das Märchen generell durch personale, lokale und temporale Anonymität gekennzeichnet. Die auftretenden

---

[2] Jolles 1958, 219. Zur „Grimm-Prägung" des allgemein verbreiteten Märchenbildes cf. etwa Wehse 1990, 10 sq.

[3] Cf. Bausinger 1997, 252 mit weiterer Literatur. Zu verschiedenen Gliederungsansätzen der KHM cf. etwa BP 4 (1930) 463-473. Die Ursache für diese z.T. zu beobachtende Unschärfe der KHM dürfte darin zu suchen sein, daß diese ihre eigene Gattung „Märchen" ja erst konstituieren und folglich noch auf keine ihnen vorausgehenden festen Gattungsgesetze zurückgreifen können; cf. Rölleke 1985 a, 50.

[4] Cf. in AaTh die Rubrik „Ordinary Folktales" (AaTh 300-1199), und hier besonders die Märchentypen AaTh 300-749 („Tales of Magic") und auch 1000-1199 („Tales of the Stupid Ogre").

[5] Zu diesem von Lüthi geprägten Begriff cf. auch Lüthi, M., s.v. Eindimensionalität, in: EM 3 (1981) 1207-1211.

[6] Röhrich 1976 b, 297.

[7] Zwar ist die Gültigkeit gerade dieses Kriteriums nach wie vor kontrovers (Röhrich 1964, 9-14; cf. Röhrich, L., s.v. Glaubwürdigkeit, in: EM 5 (1987) 1280-1285), wird jedoch von Forschern wie Bethe (1922, 117), Wesselski (1931, 56 u.ö.), Bolte (BP 4, 36; cf. 17 sq.) und zuletzt Hansen (1997, 444 sq.) mit guten Argumenten verteidigt und erweist sich auch von ethnologischer Seite als durchaus nützlich (cf. Honko 1987, 755 und Schuster 1993, 273).

Figuren tragen entweder Allerwelts- bzw. Phantasienamen (Hans, Rumpelstilzchen) oder werden nur durch Stand („ein König"), Beruf („ein Müller") oder familiäre Verhältnisse („der jüngste Sohn") bezeichnet. Ort wie Zeit der Handlung werden gänzlich in der Schwebe gelassen („Es war einmal...").

Das Märchen ist aus einer Folge von Motiven aufgebaut, die die kleinste signifikante Einheit einer Erzählung und somit ihre Grundbausteine darstellen. Die Komposition solcher Motive bildet einen bestimmten Typ, worunter man das aus einer Vielzahl verschiedener Versionen ein und desselben Märchens abstrahierte ideale Erzählschema versteht. Während aber die bereits seit Wilhelm Grimm immer wieder erwogene Möglichkeit der Polygenese, d.h. der voneinander unabhängigen Entstehung bestimmter Märchen bzw. Typen an verschiedenen Orten zu verschiedenen Zeiten[8], nach wie vor kontrovers ist, kann doch zumindest die Polygenese bestimmter allgemeinmenschlicher Motive, von Swahn treffend als „epische Schablonen" bezeichnet[9], nicht zuletzt aufgrund psychologischer Erwägungen einleuchten[10].

Die Zugehörigkeit zu einem bestimmten Typ ist für das Märchen konstitutiv, wobei seine Motive jedoch zugleich auch in anderen Märchentypen und Volkserzählungen anderer Gattungen Verwendung finden können, ohne daß ein direkter Zusammenhang, geschweige denn eine Abhängigkeit vom Märchen zwingend vorauszusetzten wäre. Aufgrund dieser „Gattungsvarianz"[11] erscheint es sinnvoll, anstatt des üblicherweise verwendeten Begriffes „Märchenmotive", der den unbedingten Primat des Märchens suggeriert, besser von „Wunder-" bzw. allgemein „Erzählmotiven" zu sprechen[12]. Die bewußte Komposition solcher Motive trägt allerdings wesentlich zum typischen Charakter des Märchens als Kunstwerk bei. Sowohl Motive wie Typen wurden im Zuge der Bemühungen der Finnischen Schule der Märchenforschung

---

[8] KHM 3 (1856) 405 [417]: „Es gibt aber Zustände, die so einfach und natürlich sind daß sie überall wieder kehren, wie es Gedanken gibt, die sich wie von selbst einfinden, es konnten sich daher in den verschiedensten Ländern dieselben oder doch sehr ähnliche Märchen unabhängig von einander erzeugen: sie sind den einzelnen Wörtern vergleichbar, welche auch nicht verwandte Sprachen durch Nachahmung der Naturlaute mit geringer Abweichung oder auch ganz übereinstimmend hervor bringen."

[9] Swahn 1990, 38.

[10] Cf. Lüthi 1996, 108 sq.

[11] Begriff in Anlehnung an Hansen 1997, 445.

[12] Zu dem von Wesselski 1931 vorgeschlagenen Terminus „Wundermotiv" cf. unten 2.2.2.

gesammelt, katalogisiert und numeriert[13], um so ein Werkzeug zu Beschreibung und Vergleich verschiedener Märchen und der Bestimmung der Herkunft einzelner Märchentypen zu gewinnen.

Das handelnde Personal des Märchens zeigt ebenfalls eine gewisse Typisierung: Als typische Haupthandlungsträger des Märchens treten der Held der Geschichte und sein Widersacher auf. Hinzu kommen Nebenfiguren wie Auftraggeber oder Helfer des Helden, der durch seinen Rat und/oder eine nützliche Gabe hilft. Sowohl Gegner wie Helfer des Helden sind häufig dem außer- oder übermenschlichen Bereich zugeordnet, während der typische Märchenheld der menschlichen Sphäre angehört. Doch nicht nur Personal, sondern auch Handlungsstruktur des Märchens lassen typische Elemente erkennen, denen das besondere Interesse der formalistisch bzw. strukturalistisch ausgerichteten Märchenforschung gilt:

Infolge eines Mangels, einer Notlage oder eines dringenden Bedürfnisses kommt es zu Schwierigkeiten, die der Held durch siegreichen Kampf oder die Lösung einer Aufgabe bewältigt[14]. Grundlage der Märchenhandlung bildet demnach oft das Schema der Abenteuererzählung bzw. speziell der Suchwanderung (Quest), deren Grundstruktur nach Burkert „auf dem biologischen Programm der Futtersuche“ beruht und durch eine „Folge von Imperativen“ charakterisiert ist: „geh, such, nimm, komm und bring.“[15]

In diesem Rahmen bringt das Märchen „die wesentlichsten menschlichen Verhaltensweisen und Unternehmungen zur Darstellung“ und zeigt dabei implizit Modelle zur Lösung allgemeinmenschlicher Probleme[16]: Kampf, besondere Aufgaben, Werbung und Vermählung etc. sowie die Konfrontation mit dem Übernatürlichen spielen eine wichtige Rolle. Das Märchengeschehen endet nach allen Widrigkeiten für den Helden doch glücklich, wodurch eine die oft ganz andere Realität korrigierende Weltsicht zum Ausdruck kommt. Das

---

[13] Motive: Thompson 1955-1958; Typen: AaTh. Den frühesten Versuch einer Typisierung des Märchens unternahm bereits lange vor der Finnischen Schule von Hahn, der von insgesamt 40 „Märchen- und Sagformeln“spricht: von Hahn 1864, vol. 1, 45-61.

[14] Cf. Propp 1972, 91.

[15] Burkert 1979 a, 27; cf. Burkert 1979 b, 16.

[16] Lüthi 1996, 26; cf. Röhrich 1976 b, 301, der hier vom märchentypischen „Thema der Glücksverwirklichung“ spricht.

Märchen zeigt somit, „wie es unserem Empfinden nach in der Welt zugehen müßte", was Jolles „naive Moral" genannt hat[17].

Auf stilistischer Ebene können der stark handlungsorientierte, meist einsträngige und klare Erzählstil und eine deutliche Neigung zur Bildhaftigkeit als typisch für das europäische Volksmärchen bezeichnet werden. Gleichwohl stehen seiner Einreihung unter die „Einfachen Formen" -neben der Pluralität der verwendeten Motive- der episodische, häufig zwei- oder dreigliedrige Aufbau und die bewußte Komposition verratende Steigerung der Handlung entgegen[18].

Aufgrund der genannten Charakteristika kann das Märchen als nahezu einzige Gattung den Anspruch erheben, ohne jeden Verlust in fremde Sprachen übersetzbar zu sein. Zu der jederzeitigen, nicht von der Kenntnis seiner Ausgangssprache abhängigen Rezipierbarkeit des Märchens tragen neben der Ungebundenheit des Wortlautes infolge oraler Tradierung in Prosa und dem mit personaler, lokaler und temporaler Anonymität gepaarten Verzicht auf Glauben besonders der strukturale Charakter und die Fundierung des Märchens in allgemeinmenschlichen Phänomenen bei. So konnten die KHM tatsächlich zum weltweit am weitesten verbreiteten Buch ursprünglich deutscher Sprache werden[19].

## 1.2 Verwandte Gattungen der Volkserzählung

Da das Märchen einige der soeben angesprochenen Charakteristika mit anderen Volkserzählgattungen teilt, erscheint es notwendig, hier eine genauere Abgrenzung vorzunehmen. Besonders Sage (1.2.1) und Mythos (1.2.2), beide zugleich von unbestrittener Wichtigkeit für die Antike, stehen mit dem Märchen in enger Verbindung, weil in jeder dieser drei Gattungen das Übernatürliche eine wichtige Rolle spielt. Da die folgenden Bemerkungen nur als Diskussionsgrundlage im Hinblick auf weiterführende Überlegungen zum antiken Märchen gedacht sind, kann auf eine ausführliche Besprechung der

---

[17] Jolles 1958, 239 sq.

[18] Cf. auch Bausinger, H., s.v. Einfache Form(en), in: EM 3 (1981) 1211-1226, hier: 1222-1224.

[19] Cf. Rölleke 1985 a, 102 und Rölleke 1985 b, 9.

umfangreichen Literatur zu Sage und besonders Mythos zugunsten einer mehr summarischen Übersicht über einige wichtige Punkte weitgehend verzichtet werden.

### 1.2.1 Die Sage[20]

Wie das Märchen ist auch die Sage eine anonyme, mündlich tradierte Volkserzählung in Prosa, die durch die Begegnung mit dem Übernatürlichen oder auch durch ein sonstiges geheimnisvolles, außergewöhnliches Ereignis gekennzeichnet ist. Im Unterschied zum Märchen ist jedoch für die Sage ein deutlicher Gegensatz zwischen Profanem und Numinosem charakteristisch, ihr Ort ist die (wenn auch oft weit zurückliegende) Realität. Der Einbruch des Transzendenten wird in der Sage keineswegs als so selbstverständlich hingenommen wie im Märchen, so daß man -in Weiterbildung der geläufigen Terminologie der Märchenforschung (s.o. 1.1)- sogar von „Zweidimensionalität" der Sage sprechen könnte. Für die Antike trifft dies jedoch nur in weit geringerem Maße zu, da ihr die Sage wie der Mythos weniger als Manifestationen einer in die diesseitige Realität einbrechenden transzendenten Dimension, sondern vielmehr als Ur- und Frühgeschichte der Welt und der Menschheit gelten[21].

Mag die Sage auch nicht aus dem unmittelbaren Erfahrungshorizont des Erzählers stammen, so ist doch auch außerhalb der antiken Gesellschaft ihr unbedingter Anspruch auf Historizität bzw. Glauben schlechthin konstitutiv für

---

[20] Cf. Bethe 1922, bes. 37-92; Ranke 1935; Jolles 1958, bes. 62-90; Röhrich 1964, 9-27; Bausinger 1980, 179-195; Lüthi 1996, 6-9.

[21] Diese „historische" Auffassung von Mythos und Sage zeigt sich z.B. auch in den Historien des Thukydides, der doch als Begründer der wissenschaftlichen Geschichtsschreibung gilt: In der sog. Archäologie zu Beginn des Werkes (Thuk., Hist. 1,2-19) gibt Thukydides einen knappen Überblick über die Geschichte Griechenlands von der mythischen/sagenhaften Vorzeit bis auf seine eigene Zeit. Zwar rationalisiert der Historiker das mythische Geschehen allenthalben, doch ist er weit davon entfernt, sagenhaften Großereignissen wie dem Troianischen Krieg oder der Rückkehr der Herakliden die Historizität gänzlich abzusprechen. Noch Polybios bezeichnet Mythos und Sage als ein Teilgebiet der ἱστορία, das er jedoch in seinem zeitgeschichtlich ausgerichteten Geschichtswerk unberücksichtigt läßt (Polyb., Hist. 9,1,3-4 und 9,2,1-2); cf. Stählin 1942, 792 sq.

die Gattung[22], so daß Friedrich Ranke sie „zu der naiven, unkritischen Wissenschaft des Volkes“ rechnen kann[23]. Ohne es im eigentlichen Sinn zu sein, gibt sie sich als Historie: „Sage ist Anfang der Geschichte.“[24]

Dementsprechend ist die Sage in Zeit, Ort und handelndem Personal gebunden und zeigt insgesamt größere Realitätsnähe als das Märchen, weshalb ein glückliches Ende eher die Ausnahme ist. Häufig steht die Sage in einem größeren Erzählzusammenhang verwandter Sagen, was sie ebenfalls deutlich vom jeweils für sich stehenden Märchen abhebt[25]. Zu eng erscheint allerdings Jolles' Definition, der die Sage vor allem durch ihren Bezug auf „Familie, Stamm, Blutsverwandtschaft“ gekennzeichnet sieht[26].

Schließlich läßt der Aufbau der Sage größere Einfachheit als der des Märchens erkennen: Die Sage neigt zur Eingliedrigkeit und gruppiert sich häufig um ein einziges Erzählmotiv. Regelrechte Typen wie beim Märchen entstehen so erst gar nicht. Auch die Rezipierbarkeit der Sage außerhalb ihres Traditionsgebietes ist im Gegensatz zum Märchen durch deren Gebundenheit, mangelnde Struktur und Anspruch auf Glauben zumindest eingeschränkt[27].

### 1.2.2 Der Mythos

Der Mythos hat in den letzten Jahrzehnten besonders viel Aufmerksamkeit erfahren, allerdings fehlt bis heute eine allgemein anerkannte Definition dieses

---

[22] Exemplarisch tritt dies etwa bei der von Brinkmann 1933 (hier 15-23: „Glaubwürdigkeit des Erzählten“) beschriebenen, um 1930 noch lebendigen Erzählgemeinschaft seines westfälischen Heimatdorfes zu Tage. Ähnlich Marichal 1942, 9 sq. Die Nähe der Sage zum Volksglauben betont etwa auch Röhrich 1976 b, 295 sq.

[23] Ranke 1935, 17.

[24] Bethe 1922, 38.

[25] Ranke 1935, 12.

[26] Jolles 1958, 75.

[27] So konstatiert Brinkmann 1933, 27 (cf. 25), die Sagenerzählung der von ihm untersuchten, lokal eng umgrenzten Erzählgemeinschaft müsse „mit den Menschen und dem Schauplatz der Heimat verwachsen“ sein, um überhaupt auf Interesse innerhalb dieser Gemeinschaft zu stoßen.

vielschichtigen Phänomens[28]. Neben der Volkserzählforschung, die den Mythos in ihr Blickfeld vielfach miteinbezieht[29], bemühen sich vor allem drei Deutungsansätze, die bleibende Gültigkeit beanspruchen können, um die Erschließung des Mythos[30]:

Der funktionalistisch-ritualistische Ansatz richtet sein Augenmerk auf die gesellschaftliche Funktion des Mythos, indem dieser in Beziehung zu außermythischen Kulturelementen gesetzt wird. Der psychologische Ansatz bemüht sich um phänomenologisches Verstehen, gleichsam um den „Sinn" des Mythos. Der strukturalistisch-semiotische Ansatz sieht im Mythos ein Zeichensystem, dessen Struktur es zu analysieren gilt. Die genannten Ansätze widersprechen einander durchaus nicht, sondern decken verschiedene Aspekte des Mythos ab, so daß sie jeweils für sich alleine zwar nicht ganz befriedigen können, zusammengenommen aber einen brauchbaren Zugang zum Phänomen „Mythos" bieten:

Der Mythos steht als anonyme, mündlich tradierte Volkserzählung („traditional tale") gleichermaßen dem Märchen wie der Sage nahe, ist jedoch unabhängig von einer bestimmten Textklasse und kann sowohl in Poesie wie auch in Prosa auftreten. Das Transzendente spielt auch im Mythos eine wichtige Rolle, dabei kennt er, wie das Märchen, nur eine Erzähldimension. Auch die Verwendung von epischen Schablonen oder Wunder- bzw. Erzählmotiven, die sich zu bestimmten Typen verbinden können, hat der Mythos mit dem Märchen gemeinsam. Ebenso wie das handelnde Personal des Mythos zeigt seine Handlungsstruktur eine gewisse Typisierung, die der des Märchens recht nahe kommt[31]. So basiert (nach Burkert) auch der Mythos als Sinnstruktur auf „biologisch oder kulturell vorgegebenen Aktionsprogrammen"[32].

Unterschiede zeigen sich jedoch auf inhaltlicher Ebene: Im Gegensatz zu Märchen und Sage kann der Mythos ohne menschliches Personal auskommen und sich ganz auf die Ebene der (meist anthropomorph vorgestellten) Götter

---

[28] Cf. Burkert 1979 a; Burkert 1979 b; Kirk 1980; Burkert 1981; Hübner 1985; Bremmer 1987; Burkert 1993; Röhrich 1993; Graf 1997.

[29] Cf. die bei Lüthi 1996, 11 sq. genannte Literatur.

[30] Burkert, W., Griechische Mythologie und die Geistesgeschichte der Moderne, in: Les études classiques au XIXe et XXe siècles. Leur place dans l'histoire des idées. Entretiens sur l'antiquité classique, vol. 26, Vandoeuvres-Genève 1980, 159-199; cf. Hübner 1985, 48-92; Burkert 1993, 11sq. und Graf 1997, 39-57.

[31] Cf. Burkert 1979 a, 28 sq.

[32] Burkert 1979 a, 27; cf. Burkert 1979 b, 18.

und Heroen beschränken. Der Ursprung der Welt und der Götter, Urzeit und Herkunft bestimmter Phänomene der Realität werden gerne im Mythos thematisiert, ohne daß es sich hierbei jedoch um für den Mythos unbedingt notwendige Elemente handelte. Auch die Definition des Mythos als sakrale Erzählung greift zu eng, obgleich viele Mythen mit Religion und besonders mit Riten verbunden sind, so daß sie gleichsam als Begleiterzählung zum Ritus bzw. als Parallele auf der Ebene der Erzählung erklärt werden können, während der Ritus sich ja auf der Ebene der Handlung vollzieht.

Weder rein äußere noch strukturelle oder inhaltliche Kriterien sind somit alleine geeignet, das Wesen des Mythos hinreichend zu umschreiben; vielmehr muß seine Bedeutung für die ihn tragende Erzählgemeinschaft zur Definition mit herangezogen werden: Einerseits ist der Mythos durchaus als bloße Geschichte (story) verstehbar und kann als solche unterhalten - dies hat er mit dem Märchen gemeinsam. Andererseits eignet dem Mythos aber eine darüberhinausgehende tiefere Bedeutung, auf welcher als primärer Intention sein eigentlicher Erzählanlaß beruht. Als „angewandte Erzählung" (tale applied)[33] besitzt der Mythos die Funktion, Welt und Gesellschaft zu begründen, zu ordnen und zu erklären; sein Ziel ist es, Wissen in Form von Geschichten zu formulieren und zu bewahren. Dabei bedient sich der Mythos gerne binärer Oppositionen, zwischen denen er vermittelt.

Auf der Bedeutungsebene beansprucht der Mythos Verbindlichkeit, d.h. Glauben innerhalb der ihn tragenden Gruppe. Diese Verbindlichkeit muß sich durchaus nicht immer auf den religiösen Bereich beschränken; vielmehr kann der Mythos (mit Bremmer) als Erzählung von gesellschaftlicher Relevanz im allgemeinen bezeichnet werden - die Religion bildet hier nur einen Teilaspekt[34]. Die Verbindlichkeit des Mythos zeigt sich schon alleine äußerlich in seiner Gebundenheit: Ort, Zeit und handelndes Personal liegen im Mythos genau fest und können nicht beliebig verändert werden. Häufig bedient sich der Mythos genealogischer Relationen und Verbindungen, so daß der einzelne Mythos kaum je ganz für sich alleine steht, sondern stets Teil eines größeren Systems zusammenhängender Mythen ist. In diesen Aspekten ebenso wie im oft tragischen Ausgang berühren sich Mythos und Sage, weswegen sie -nicht

---

[33] Burkert 1979 b, 23.

[34] Cf. Bremmer 1987, 7.

nur im Bereich der Antike- nicht immer genau voneinander getrennt werden können und oft sogar ineinander übergehen[35].

Entgegen der *communis opinio*, die die verlustfreie Übersetzbarkeit des Mythos von einer Sprache in die andere postuliert[36], ähnelt er doch wenigstens in einigen wesentlichen Punkten eher der Sage: Durch seine Gebundenheit und seinen Anspruch auf Verbindlichkeit ist die Rezipierbarkeit des Mythos außerhalb der ihn tragenden Gruppe, jedenfalls im Hinblick auf seine gesellschaftliche Relevanz, zumindest wesentlich eingeschränkt.

## 1.3 Das Märchen in außereuropäischen Kulturen

Nun bleibt noch die Frage nach der Existenz der Gattung „Märchen" in außereuropäischen Kulturen. Hier fällt auf, daß die Verwendung des anhand europäischen Erzählgutes gewonnenen Märchenbegriffes für die Volkserzählungen außereuropäischer Völker durchaus problematisch ist[37]. Neben der weitgehend literarischen Formung der großen arabisch-islamischen und indischen Erzählcorpora und der bisher unzureichenden Erforschung der mündlichen Überlieferung und ihres Verhältnisses zur Literatur dieser Kulturen[38] erschweren vor allem die mangelnde Gattungsdifferenziertheit und die auf Mentalitätsebene vom Europäischen z.T. erheblich abweichende Realitätsauffassung bzw. Haltung zum Wunderbaren den Vergleich mit dem Märchen europäischer Prägung.

So ist gerade für die arabisch-islamischen Erzählcorpora, allen voran Tausendundeine Nacht, das Vorherrschen eher novellenartiger Erzählungen charakte-

---

[35] Cf. Graf 1997, 12. - Recht zutreffend charakterisiert Hübner 1985, 131 die Situation in der Antike: „Profane Geschichte und Göttergeschichte sind für den mythisch denkenden Griechen unlöslich miteiander verwoben." Sogar die Einschränkung auf die mythisch Denkenden wäre nicht unbedingt erforderlich gewesen: cf. das oben (1.2.1) zur Sage Gesagte.

[36] Cf. Burkert 1981, 12 und Graf 1997, 9.

[37] Cf. Lüthi 1996, 33.

[38] Zu den arabischen Erzählstoffen cf. Spies, O., s.v. Arabisch-islamische Erzählstoffe, in: EM 1 (1977) 685-718, bes. 687 sq. und 708; für die Situation in Indien cf. Korom, F. J., s.v. Indien, in: EM 7 (1993) 138-151, bes. 146-148 und Sontheimer, G.-D., s.v. Märchen 2. M., indische, in: Kl.Pauly 3 (1979) 868 sq. Zum Problem im allgemein cf. Lüthi 1996, 33-36.

ristisch, während das echte Zaubermärchen ganz am Rande steht[39]. Für die indischen Volkserzählungen schließlich versagt der europäische Märchenbegriff gänzlich; denn zwar spielt das Übernatürliche hier eine wichtige Rolle, doch handelt es sich fast durchwegs um geglaubte Geschichten ohne genauere Gattungsdifferenzierung[40]. Ähnliches gilt vielfach für China[41].

Auch die Überlieferung der sog. Naturvölker zeigt zwar uns geläufige Märchenmotive, doch handelt es sich hierbei allenfalls um Vorformen des Märchens; denn zum einen ist auch hier eine weitergehende Gattungsdifferenzierung oft nicht erkennbar, zum anderen erheben diese Geschichten in der Regel einen Anspruch auf Verbindlichkeit und werden geglaubt[42]. Da sie außerdem häufig einen kultischen Bezug haben, sind sie eher dem Mythos als dem Märchen zuzurechnen[43]. Ein gutes Beispiel für die genannten Charakteristika der Überlieferung sog. Naturvölker bieten ebenso Erzählungen nordamerikanischer Indianerstämme wie der Schoschonen[44] oder die der Lakandonen-Indianer im Süden Mexikos[45] wie auch das bei Völkern aus dem Bereich der Südsee gesammelte Erzählgut[46].

---

[39] Cf. Lüthi 1996, 35.

[40] Hertel, J., Indische Märchen, Jena 3/1925 (MdW), bes. 4 und 10; cf. Kutzer, E., Das indische Märchen, in: BP 4 (1930) 286-314, bes. 286 sq. und Röhrich 1964, 167 sq.

[41] Wilhelm, R., Chinesische Volksmärchen, Jena 1914 (MdW), bes. 1 sq.; cf. von der Leyen 1958, 144.

[42] Cf. Röhrich 1964, 159-167 und Schuster 1993, 273.

[43] Von der Leyen 1958, 104 sq.; cf. Lüthi 1996, 37.

[44] Cf. Hultkrantz, Å., Religious Aspects of the Wind River Shoshoni Folk Literature, in: St. Diamond (ed.), Culture in History. Essays in Honor of P. Radin, New York 1960, 552-569, bes. 568. Im allgemeinen cf. Thompson 1951, bes. 303.

[45] Cf. Rätsch, Chr. und K. Ma'ax (edd.), Ein Kosmos im Regenwald: Mythen und Visionen der Lakandonen-Indianer, München 2/1994 (Diederichs Gelbe Reihe 48: Indianer), bes. 19 sq.

[46] Cf. Hambruch, P., Südseemärchen aus Australien, Neu=Guinea, Fidji, Karolinen, Samoa, Tonga, Hawaii, Neu=Seeland u.a., Jena 1927 (MdW), bes. XII-XIV.

## 2. Das antike „Märchen“: Forschungsüberblick

Im folgenden Forschungsüberblick zur Frage nach dem Märchen in der Antike liegt der Schwerpunkt auf dem Beitrag der Altertumswissenschaft, wenn auch die Volkserzählforschung nicht ganz unberücksichtigt bleiben kann. Eine Gesamtübersicht über die Literatur zum antiken Märchen wurde bisher noch nicht versucht und kann auch hier nicht in aller Vollständigkeit geboten werden, zu weit verstreut liegt das in Betracht kommende Material in Arbeiten zu Mythologie und Religionsgeschichte, Sage und literaturwissenschaftlicher Interpretation bestimmter Autoren: Untersuchungen explizit zum antiken Märchen sind dagegen eher selten.

Gleichwohl streben die folgenden Zeilen an, eine forschungskritische Orientierung über die wichtigsten einschlägigen Arbeiten und exemplarisch auch einiges Marginale zu ermöglichen, um so eine Grundlage für weitere Überlegungen zu gewinnen. Manches, vor allem Älteres, ist bewußt ausgelassen, anderes wohl auch übersehen. Trotz der bewußten Beschränkung auf die für das antike Märchen unmittelbar relevanten Aspekte der jeweils besprochenen Arbeiten war eine gewisse Breite und Ausführlichkeit in der Darstellung nicht zu vermeiden, weniger um der Einzelergebnisse willen, als vielmehr um die „Wege der Forschung“ und die Methodik im Umgang mit dem, was man für das antike Märchen bzw. seine Reste hält, deutlich werden zu lassen.

Die zuerst zu besprechende altertumswissenschaftliche Literatur zum antiken „Märchen“ (2.1) geht auf die direkte Anregung durch die Brüder Grimm zurück (2.1.1) und läßt sich grob in drei Gruppen zusammenfassen: die ältere Forschung bis ca. 1945 (2.1.2), die an diese unmittelbar anknüpfende neuere Forschung (2.1.3) und die erst in letzter Zeit vom breiten Strom dieser *communis opinio* abweichenden Ansätze (2.1.4).

Auch in der Volkserzählforschung (2.2) wird, nachdem man hier zum Märchen in der Antike lange Zeit eine weitgehend einhellige Meinung vertreten hatte (2.2.1), diese nunmehr zunehmend in Frage gestellt (2.2.2). Als Ergebnis sollen die in vorliegendem Literaturbericht herausgearbeiteten Forschungsrichtungen zum antiken „Märchen“ abschließend kurz zusammengefaßt werden, um auf dieser Grundlage einen Ausblick auf die noch zu leistende Arbeit zu ermöglichen (2.3).

## 2.1 Altertumswissenschaft und antikes „Märchen"

### 2.1.1 Die Grundlagen in der Romantik

Die systematische Sammlung und wissenschaftliche Erforschung des Märchens ist im eigentlichen Sinn zu Anfang des 19. Jahrhunderts durch die Brüder Grimm im Geist der Romantik begründet worden[1]. Ihr Hauptaugenmerk richteten sie zwar auf das deutsche Märchen, doch gingen sie wie selbstverständlich von der internationalen Verbreitung der Gattung „Märchen" aus und erklärten, es gebe „wohl kein Volk, welches sie ganz entbehrt"[2]. Schon bald wurden die Anregungen der Brüder Grimm auch außerhalb Deutschlands aufgenommen, und es entstanden Sammlungen der Märchen anderer Sprachgebiete, wie die norwegischen Märchen von Asbjørnsen und Moe, die schwedischen von Hyltén-Cavallius und die russischen von Afanasjev[3].

Obwohl die Brüder Grimm bereits in der Vorrede zum 1. Band der KHM wiederholt auf die (vermeintliche) Existenz des Märchens schon in der Antike hingewiesen hatten[4], scheint die Altertumswissenschaft vom allgemeinen Aufschwung der Märchenforschung in der ersten Hälfte des 19. Jahrhunderts zunächst unberührt geblieben zu sein, so daß Jacob Grimm 1846 fordern konnte, auch die antike Mythologie und Literatur müsse auf Reste des Märchens untersucht werden[5]. Diese Forderung wies Welcker (1857) zurück mit Hinweis auf „die reich und herrlich gestaltete und innerhalb ihres eignen Kreises ins Manigfaltigste (sic!) und bis ins Kleinste entwickelte und das Leben ganz durchdringende Göttersage", die neben sich keinen Platz für Märchen lasse, gerade auch weil sie „zu Märchen einen einigermaßen ähnlichen Stoff" habe[6].

Doch Welckers Auffassung war kein dauernder Erfolg beschieden: Mit Wilhelm Grimms Akademieabhandlung „Die Sage von Polyphem" (1887, zuerst 1857) rückte auch die literarische Hinterlassenschaft der Antike ins Blickfeld der Märchenforschung. Grimm stellt in dieser Arbeit zehn ver-

---

[1] Der 1. Band der KHM erschien zuerst 1812.

[2] KHM 1 (1812) XIV.

[3] Cf. Lüthi 1996, 59.

[4] KHM 1 (1812) XIV, cf. XXII. Im Handexemplar und den folgenden Auflagen wurden diese Hinweise noch vermehrt; cf. KHM 3 (1856) 273 sq. [285 sq.] und 347 sq. [359 sq.].

[5] Grimm 1890 (= 1846), 194.

[6] Welcker 1857, 110 sq.; Zitate 109 und 111.

schiedene Märchen verschiedener Völker von der Blendung eines Riesen[7], angefangen bei Polyphem, zusammen und vergleicht sie miteinander. Er kommt zu dem Ergebnis, alle diese Varianten seien unabhängig voneinander entstanden[8] und sollten den Gegensatz zwischen „roher Gewalt und listiger Behendigkeit" zum Ausdruck bringen[9].

Methodisch werden bereits hier zwei Prämissen deutlich, die bis heute im Umgang mit vermeintlichem oder echtem „Märchengut" in der antiken Literatur Anwendung finden: Die stillschweigende und unhinterfragte Annahme der Existenz der Gattung „Märchen" auch in der Antike und die Parallelisierbarkeit der aus der antiken Literatur gewonnenen „Märchenstoffe" mit in der Neuzeit gesammeltem mündlichem Erzählgut, als ob es sich um synchrone Phänomene handelte[10].

### 2.1.2 Die ältere Forschung

Einer der ersten Altphilologen, welche die Anregungen Jacob und Wilhelm Grimms aufnahmen und auch das Märchen in ihren Forschungen berücksichtigten, war Ludwig Friedländer. Dem ersten Band seiner „Darstellungen aus der Sittengeschichte Roms" (1922, zuerst 1862), in welchem er wie selbstverständlich dem Märchen einen Platz bei der Erziehung junger Mädchen zumißt[11], gab er auch einen Anhang „Das Märchen von Amor und Psyche und andere Spuren des Volksmärchens im Alterthum" bei[12], in dem er sich auf

---

[7] Typ AaTh 1137: „The Ogre Blinded (Polyphemus)".

[8] Grimm 1887 (= 1857), 454. Das Problematische dieser seither vieldiskutierten Ansicht stellt Radermacher 1915, 13-16 (mit weiterer Literatur) heraus. Deutliche Vorbehalte gegen die Annahme einer weitgehend voneinander unabhängigen Entstehung der verschiedenen Polyphem-Märchen äußern z.B. Meuli 1974, 70 und -gänzlich ablehnend- Fehling 1977, 89-97 (mit weiterer Literatur).

[9] Grimm 1887, 461.

[10] Die oft mangelnde Berücksichtigung der Chronologie in der Märchenforschung kritisiert auch Fehling 1977, 33 sq.; cf. Röhrich 1993, 297 sq.

[11] Friedländer 1922, 269.

[12] Friedländer 1921, 89-132; direkte Bezugnahme auf Jacob Grimm (1890 = 1846) : 89 sq. Der Vergleich dieser von Weinreich für die 9./10. Auflage bearbeiteten und nun vom 1. in den 4. Band des Gesamtwerkes gewanderten Fassung mit derjenigen der 4. (1873) und 5. Auflage (1881) lehrt, daß Grundkonzeption, Methodik und Textbestand, besonders was den allgemeinen Teil angeht, weitgehend unverändert auf Friedländer zurückgehen, während

bereits geleistete Vorarbeiten in zwei Königsberger Programmen aus dem Jahre 1860 stützen konnte[13]. Im kürzeren ersten Teil seiner Untersuchung will Friedländer Spuren des antiken Volksmärchens bei verschiedenen Autoren, im antiken Volksglauben und im Mythos nachweisen, wobei er auch vereinzelten Märchenmotiven und Parallelen nachgeht. Der ausführlichere zweite Teil gilt ganz der Erzählung von Amor und Psyche und ihrer Deutung.

Friedländer kommt zu dem Ergebnis, „ein römisches oder vielleicht griechisches Volksmärchen" habe Apuleius als Vorlage gedient[14], und versucht, dieses mit Hilfe von Märchenparallelen verschiedener Völker in Anlehnung an Wilhelm Grimm[15] als Exemplar des Märchens vom Tierbräutigam[16] zu erweisen und zu rekonstruieren. Mit einer Zusammenstellung von 30 Märchenparallelen von A. Kuhn ergänzt Friedländer seine Ausführungen. Somit sei die Märchenvorlage primär, eine etwaige allegorische Bedeutung durch Apuleius erst sekundär mit ihr verbunden[17].

Bald begannen auch andere Altphilologen nach Resten des Märchens in der antiken Literatur zu suchen, d.h. sog. „Märchenmotive" zu isolieren und zu Parallelen in neuzeitlichen Märchen in Beziehung zu setzen. Besonders weit ging dabei Zielinski in seiner Schrift „Die Märchenkomödie in Athen" (1885)[18]: Er unterteilt die Alte Komödie in politische Komödie und Märchenkomödie, wobei er letztere direkt auf altgriechische Märchen zurückführt, die er aus von Hahns (1864) und Schmidts (1978 = 1877) Sammlungen neugriechischer Märchen ableitet. Als Paradebeispiel wählt er Aristophanes' Vögel, denen ein adaptiertes Märchen als Vorlage gedient habe. Daneben

---

Weinreich lediglich Anmerkungen, neuere Literatur und Ergänzungen, vor allem zur Deutung von Amor und Psyche, beigesteuert hat. Allerdings zeigt sich die zunehmende Zuversicht der Forschung in bezug auf das antike Märchen nicht zuletzt im Titel des Anhangs, aus dem in der späteren Auflage das „Spuren" entfällt, so daß sich „...und andere Volksmärchen im Altertum" ergibt.

[13] Friedländer, L., Dissertatio, qua fabula Apulejana de Psyche et Cupidine cum fabulis cognatis comparatur, Progr. Königsberg 1860, 1 und 2.

[14] Friedländer 1921, 107 sq., cf. 116.

[15] Grimm 1881 (= 1819), 351; zitiert bei Friedländer 1921, 106 sq.

[16] Typ AaTh 425 A: „The Monster (Animal) as Bridegroom (Cupid and Psyche)".

[17] Die bis heute kontrovers diskutierte Interpretation des „Märchens" von Amor und Psyche kann und muß uns hier nicht weiter beschäftigen, einige weitere Überlegungen werden unten in 4.3.4 angestellt werden. Zur allgemeinen Orientierung cf. die bei Binder/Merkelbach 1968 gesammelten Beiträge und Fehling 1977 (s.u. 2.1.4).

[18] Mir bisher nur greifbar durch Lübke 1886.

rekonstruiert Zielinski sogar verlorene Stücke verschiedener Dichter der Alten Komödie anhand von Märchenparallelen.

Sogleich regte sich Widerspruch gegen diese Thesen[19], doch sie blieben einige Zeit in der Diskussion. Gültigkeit darf Radermachers Urteil hierzu beanspruchen, der durchaus zugesteht, daß Aristophanes mit „volkstümliche(n) Vorstellungen" arbeitet[20], den Terminus „Märchenkomödie" aber nur für vertretbar hält, weil die Phantastik der entsprechenden Stücke an neuzeitliche Märchen erinnert, nicht etwa, weil antike Märchen tatsächlich die Grundlage dieser Stücke wären[21].

In ähnlicher Weise versuchte Crusius (1890) in seinem Vortrag „Märchenreminiscenzen im antiken Sprichwort" sich dem Themenkreis zu nähern[22]. Gerade die „echten", d.h. nicht von einem literarischen Werk herrührenden Sprichwörter sind seiner Ansicht nach besonders treue Zeugen des antiken Märchens; denn Parallelen zwischen modernen Märchen und antiker Literatur könnten u.U. auf selbständige Erfindung des antiken Dichters, auch ohne Rückgriff auf etwa tatsächlich umlaufende Volksmärchen ähnlicher Art, zurückzuführen sein, was für das Sprichwort, in dem sich „das Volk sozusagen selbst citiert", ausgeschlossen sei[23]. Die von Crusius im Anschluß an diese durchaus als romantisch zu bezeichnenden Vorstellungen aus antikem Sprichwort und neuzeitlichen Märchenparallelen für die Antike erschlossenen Märchen bewegen sich jedoch größerenteils im Bereich der Fabel[24], des Lügenmärchens und des Schwankes, womit für den Nachweis des eigentlichen Märchens noch nicht viel gewonnen ist.

Einen starken neuen Impuls empfing die Märchenforschung im allgemeinen durch die um 1900 von Krohn und Aarne begründete sog. Finnische Schule mit ihrer geographisch-historischen Methode, die möglichst alle greifbaren Varianten eines Märchens ausfindig machen will, um über Vergleich und Lokali-

---

[19] Cf. Lübke 1886, 43. Grundsätzliche Zustimmung dagegen bei Crusius 1890, 33.

[20] Radermacher 1967 (= 1954), 38 sq.; cf. Trenkner 1958, 79-88, die verschiedene volkstümliche Erzählmotive in den aristophanischen Komödien herausarbeitet, freilich ohne aus diesen irgendwo auf die Existenz echter Märchen zu schließen.

[21] Radermacher 1967, 46 sq. In der Volkserzählforschung scheint Zielinskis These dagegen noch heute Anhänger zu finden: cf. Meraklis 1992, 24 sq.

[22] Auch Otto hat in seiner Sammlung römischer Sprichwörter (1890) eine -wenn auch nur kurze- Rubrik „Märchenhaftes": 402 sq.

[23] Crusius 1890, 33.

[24] Hierzu cf. auch Marx, A., Griechische Märchen von dankbaren Tieren und Verwandtes, Stuttgart 1889.

sierung zur Rekonstruktion der angenommenen Urform des jeweiligen Märchens zu gelangen[25]. Eine wichtige Rolle spielt hierbei die Isolierung von Typen und Motiven, für die auch eigene Register angelegt worden sind[26]. Die Auswirkungen dieses Neuansatzes in der Märchenforschung sind in gewissem Grade auch in der Altertumswissenschaft spürbar: Die Suche nach Parallelen zu neuzeitlichen Märchen und nach Märchenmotiven in der antiken Literatur intensivierte sich in den ersten Jahrzehnten des 20. Jahrhunderts deutlich.

Um die zu dieser Zeit übliche, vorwiegend motiv- bzw. sagengeschichtlich orientierte Herangehensweise an das „antike Märchen“ anzudeuten, seien hier stellvertretend für manch andere (und spätere) Arbeiten[27] ein Aufsatz von Klinger und zwei Aufsätze von Radermacher genannt: Ausgehend von Politis' Sammlung neugriechischer Märchen bringt Klinger (1907) Parallelen aus der antiken Literatur und außergriechischen Märchen bei. Er rechnet z.T. mit literarischer Abhängigkeit, aber auch mit antiker Literatur und neuzeitlichem Märchen gemeinsamen Märchenvorlagen.

Ähnlich verfährt Radermacher (1905), der einer Wundererzählung in Lukians Philopseudeis neuzeitliche Parallelen zur Seite stellt, die er für von Lukian

---

[25] Lüthi 1996, 70 sq.; cf. von der Leyen 1958, 30 sq.

[26] Typenverzeichnis: Aarne/Thompson 1961 (zuerst 1910 von Aarne); Motivverzeichnis: Thompson 1955-1958 (zuerst 1932-1936).

[27] Weitere Literatur, z.T. mit kurzen Besprechungen bei Gruppe, O., Bericht über die Literatur zur antiken Mythologie und Religionsgeschichte aus den Jahren 1898-1905, Leipzig 1908 (JAW Suppl. 137), bes. 320-326: „Märchen. Volkstümliche Novellen und Schwänke“ (hauptsächlich zu Apuleius); Gruppe, O., Bericht über die Literatur zur antiken Mythologie und Religionsgeschichte aus den Jahren 1906-1917, Leipzig 1921 (JAW Suppl. 186), bes. 306-318 (nur zu Apuleius) und 422-429: „Verwandte Züge in verschiedenen Mythen“ (eine eigene Rubrik „Märchen“ wie oben fehlt, vielleicht wegen der vor der Drucklegung vorgenommenen starken Kürzungen); Pfister 1930, 271-276. Cf. auch Zielinski, Th., Erysichthon, in: Philologus 50 (1891) 137-162, bes. 149-155. Klinger, W., Die Märchenmotive im Geschichtswerke Herodots, Kiew 1903 (russ.), dazu Th. Zielinskis Rezension, in: BPhW 23 (1903) 1505-1510. Radermacher, L., Das Jenseits im Mythos der Hellenen. Untersuchungen über antiken Jenseitsglauben, Bonn 1903. Kroll 1912, bes. 163 sq. und 170 sq. Waser, O., Volkskunde und griechisch-römisches Altertum, in: Festschrift für E. Hoffmann-Krayer = Schweizerisches Archiv für Volkskunde 20 (1916) 453-512, bes. 489-492. Radermacher, L., Beiträge zur Volkskunde aus dem Gebiet der Antike, Wien 1918 (SBAW 187, 3). Bickel, E., Gyges und sein Ring. Zum Begriff Novelle und zu Hebbels tragischer Kunst, in: NJA 24 (1921) 336-358. Radermacher 1927. Tolstoi, J., Einige Märchenparallelen zur Heimkehr des Odysseus, in: Philologus 89 (1934) 261-274. Diehl, E., Märchenmotive und romantischer Stil in der Dichtung des Kallimachos, in: WS 54 (1936) 143-147. Herzog-Hauser, G., Märchenmotive in Homers Ilias, in: GArb 4, 21 (1937) 1 sq. Trencsényi-Waldapfel, I., Literatur und Folklore im klassischen Altertum, in: AAntHung 7 (1959) 1-20.

unabhängig hält, um dann auf gemeinsamen indischen Ursprung zu schließen[28]. Zur Heraklessage findet Radermacher (1911) ebenfalls verschiedene Märchenparallelen[29], auch wenn er den speziellen Fall eines südslavischen Märchens (mit leichtem Bedauern) direkt auf Aristophanes zurückführen zu müssen glaubt[30].

Eine umfassendere Perspektive wählt Radermacher in seiner wichtigen Abhandlung „Die Erzählungen der Odyssee" (1915): Den Ausgangspunkt der Untersuchung bildet das oft gebrauchte Schlagwort von der Odyssee als „Märchendichtung", dessen Berechtigung Radermacher überprüfen will. Zu diesem Zwecke bespricht er die Erzählmotive zunächst der Apologe, dann der übrigen Teile des Werkes. Wenn Radermacher auch moderne Märchenparallelen anführt, so geschieht dies weniger wegen der motivischen, „sondern vielmehr wegen der typischen Verwandtschaft" seiner Vergleichsgegenstände[31], worin sich ein gewisser methodischer Fortschritt zeigt.

Aufgrund dieser Untersuchungen kommt Radermacher zu dem Ergebnis, daß hinter der Odyssee „eine reich blühende und vielseitig gegliederte Erzählungsliteratur gestanden haben muß", die bereits Sage und Märchen, Legende und Novelle umfaßt habe[32]. Das eigentliche Märchen, am besten kenntlich in der Kirke-Episode[33], sei durch einen gewissen Rationalismus des Dichters in den Hintergrund getreten[34]. Deshalb sei der Terminus „Märchendichtung" zu einseitig und höchstens geeignet, den Unterschied zur Ilias mit einem Wort zum Ausdruck zu bringen[35].

Deutlich in der Nachfolge Radermachers steht Lesky in seiner Akademieschrift „Alkestis, der Mythus und das Drama" (1925)[36], in der er auch einen knappen, jedoch gut fundierten Blick auf die verschiedenen Tendenzen der allgemeinen

---

[28] Dagegen Reitzenstein 1922, 3, Anm. 2. - Benfeys Theorie vom indischen Ursprung aller Märchen war zu dieser Zeit durchaus noch nicht so abgetan, wie es heute scheinen mag, cf. von der Leyen 1958, 20 sq. und Lüthi 1996, 69.

[29] Radermacher 1911, 177-180.

[30] Radermacher 1911, 181 sq.

[31] Radermacher 1915, 7.

[32] Radermacher 1915, 3; cf. Radermacher 1943, 96.

[33] Radermacher 1915, 7; cf. 4.

[34] Radermacher 1915, 27.

[35] Radermacher 1915, 58 sq.

[36] Explizite Bezugnahme auf Radermacher: Lesky 1925, 3, Anm. 1.

Mythen- und Märchenforschung bis zu seiner Zeit wirft[37]. Neben verschiedenen Varianten des antiken Alkestis-Mythos bezieht Lesky zahlreiche Parallelen aus neuzeitlichem Märchen und Volkslied in seine Untersuchung mit ein. Er kommt zu dem Ergebnis, der Stoff der euripideischen Alkestis entstamme einem alten Volksmärchen, gewisse Unstimmigkeiten seien durch das Hinzutreten von für das Drama natürlich obligatorischen literarisch-mythologischen Vorstellungen zu erklären[38].

Ganz ähnlich interpretiert Calhoun in seinem Aufsatz „Homer's Gods - Myth and Märchen" (1939) die Widersprüche in der Zeichnung der Götter in Ilias und Odyssee als durch das Aufeinandertreffen verschiedener Konzeptionen verursacht: Einem durch -im weiteren Sinne- theologische Reflexion entwickelten Gottesbegriff stehe das Bild der Götter als traditionelle Gestalten des Märchens und des Mythos gegenüber[39], was sich besonders deutlich an der Darstellung des Gottes Hermes ablesen lasse[40]. Diesen Folgerungen schickt Calhoun eine Liste mit volkstümlichen Erzählmotiven in den homerischen Epen - rein quantitativ überwiegt sogar die Ilias - voraus, in die er ausdrücklich auch knappste Anspielungen miteinbezieht. Darunter befindet sich manches, was im allgemeinen dem Märchen zugeordnet wird.

Wie in den soeben besprochenen Untersuchungen geht es auch in Alys Buch „Volksmärchen, Sage und Novelle bei Herodot und seinen Zeitgenossen" (1969, zuerst 1921) darum, einem literarischen Werk zugrundeliegende Formen mündlichen Erzählens freizulegen und für die Interpretation dieses Werkes nutzbar zu machen. Auf der Grundlage der aus der allgemeinen Märchenforschung kommenden These vom Märchen als „Urform aller Prosaerzählung"[41] bespricht Aly verschiedene Formen der volkstümlichen Prosaerzählung, die er nicht durch ihre Motive, sondern durch die Art der „Motivverkettung" („innere Form")[42] voneinander abgrenzt.

---

[37] Lesky 1925, 11-19. In diesem Zusammenhang gebraucht er bereits den Begriff „Biologie" als Terminus der Erzählforschung (11), dessen Prägung auf Olrik 1909, 1 zurückgeht, gewöhnlich aber erst Friedrich Ranke in einem Aufsatz aus dem Jahre 1926 zugerechnet wird: so z.B. Dégh 1979, 386 sq.

[38] Lesky 1925, 62 und 57, cf. 86.

[39] Calhoun 1939, 26-29.

[40] Calhoun 1939, 25.

[41] Aly 1969, 9; cf. Lüthi 1996, 63.

[42] Aly 1969,8.

Sodann arbeitet er eine Vielzahl volkstümlicher Erzählmotive im herodoteischen Geschichtswerk verdienstvoll heraus und weist ihren Ursprung verschiedenen Gattungen der Volkserzählung zu. Hierbei spielt die Novelle eine hervorragende Rolle, wohingegen das Märchen, dessen Existenz Aly für die Antike wie selbstverständlich voraussetzt[43], fast nur in Motiven oder in historisierter Form als Sage greifbar werde[44]. Immerhin glaubt er, einige ägyptische Märchen und ein makedonisches Märchen als von Herodot weitgehend unverändert übernommen aufzeigen zu können[45].

Diese hier kurz skizzierten Beobachtungen will Aly für die Erklärung des herodoteischen Stiles nutzbar machen: Das Herodot aus der volkstümlichen Prosaerzählung zugekommene Gut sei durch den „Stil des Logos" gekennzeichnet, dem die schlichtere historische Darstellung („Historie") gegenüberstehe[46]. Dieser Ansatz hat allerdings kaum Zustimmung gefunden[47], während der grundsätzliche, nachdrückliche Hinweis auf die volkstümliche Prosaerzählung, mag Aly ihren Einfluß gerade auf die Historien auch überschätzt haben[48], durchaus aufgenommen wurde und bis heute weiter wirkt[49].

Sowohl der soeben besprochenen Arbeit als besonders Radermacher (1915) steht Woodhouse mit seinem Buch „The Composition of Homer's Odyssey" (1930) nahe[50], welches allerdings vielfach eher einen Rückschritt hinter die genannten Arbeiten bedeutet. Aufgrund einer stofflichen Analyse der Odyssee kommt Woodhouse zu dem Ergebnis, das Epos sei aus neun noch deutlich voneinander unterscheidbaren Komponenten („Components") aufgebaut: Neben fünf anonymen Volkserzählungen, die den stofflich ältesten Teil des

---

[43] Cf. Aly 1969, 16 sq.

[44] Aly 1969, 237.

[45] Aly 1969, 66-68 und 196 sq.

[46] Cf. Aly 1969, 18, 33, 41 u.ö.

[47] Cf. Huber bei Aly 1969, 320 sq.

[48] Cf. Fehling 1971, 177. Im Ansatzpunkt, das herodoteische Geschichtswerk weniger als Kompendium historischer Fakten, sondern vielmehr als literarisches Kunstwerk zu interpretieren, scheinen Aly und Fehling gar nicht so weit voneinander entfernt zu liegen, nur daß Fehling Herodots Leistung als die eines gleichermaßen von Gewährsmännern wie von Volkserzählungen unabängig schaffenden Autors in den Vordergrund stellt.

[49] Cf. Schmid, W. und O. Stählin, Geschichte der griechischen Literatur 1,1, München 1929 (HdA 7, 1, 1), 663-683: „Prosadichtung; ionische Volkserzählung" (665 sq. auch zum Märchen). Trenkner 1958. Huber bei Aly 1969, 317 sq.

[50] Da Woodhouse 1930 keinerlei Sekundärliteratur zitiert, läßt sich die von ihm verwendete Literatur allein aus seinen eigenen Aussagen erschließen.

Werkes ausmachten[51], stünden das ebenfalls ursprünglich von der Gestalt des Odysseus unabhängige Seemannsgarn der Apologe und eine historisierende „Odysseus-Saga". Homer habe diese sieben präexistenten Komponenten zusammengefügt, die Telemachie (Komponente 8) hinzugedichtet und unter Verwendung von „dichterischem Kitt" („The Poet's Cement": Komponente 9) so die Odyssee als Ganzes geschaffen[52]. Das Hauptverdienst des Dichters liege demnach im raffinierten Arrangement der einzelnen Komponenten, in der künstlerischen Ausschmückung und der Psychologisierung des Stoffes[53].

Das Vorgehen von Woodhouse weist unter dem Aspekt der hier interessierenden Fragestellung vor allem zwei entscheidende Schwachstellen auf: Der vielfach an den Tag gelegten allzu großen Zuversicht bei der Bestimmung mündlicher Volkserzählungen[54] steht die mangelnde Gattungsdifferenzierung der von Woodhouse erschlossenen Volkserzählungen gegenüber. Hieraus ergibt sich eine deutliche Inhomogenität der postulierten Komponenten; denn während die Komponenten 6-9 sich (nach Woodhouse) in Hinblick auf Herkunft, Entstehungsbedingungen und Gattung deutlich voneinander abheben, erscheinen die Komponenten 1-5 als qualitativ gleichförmig und unterscheiden sich nur auf inhaltlicher Ebene voneinander. Bedenkenswert ist dagegen der von Woodhouse gezeigte Versuch, Homer ohne den ständigen Rekurs auf von überall her zusammengeklaubte Märchenmotive aus sich selbst heraus zu erklären.

Offenbar ohne Kenntnis oder direkte Benutzung Alys (1969, zuerst 1921), methodisch jedoch ihm eng verwandt, ist der erste Teil von Bickels Buch „Homer. Die Lösung der Homerischen Frage" (1949)[55]. Der Schichtenanalyse des homerischen Epos, von Bickel jedenfalls anerkannt, stellt er hier die „Elementenanalyse" gegenüber, deren Aufgabe es sei, „das Inhaltliche der Dichtung nach seinen Bestandteilen und Urquellen: Volkslied, Märchen, novellistische Erzählung, Göttermythus und Heldensage zu unterscheiden"[56]. Eine wichtige Rolle mißt Bickel dabei u.a. auch dem Märchen zu, das für den

---

[51] Woodhouse 1930, 237.

[52] Woodhouse 1930, 218 sq. und 230-232; cf. 237.

[53] Woodhouse 1930, 243.

[54] Cf. Heubeck 1974, 99.

[55] Der uns hier interessierende erste Abschnitt „Elementenanalyse des hellenischen Volksepos" (12-60) erschien zuerst separat 1942.

[56] Bickel 1949, 10. Grundsätzliche Zustimmung z.B. bei Heubeck, A., Rez. E. Bickel, Homer, in: Gnomon 22 (1950) 368-374, bes. 368-370; cf. Heubeck 1974, 154.

Entstehungsprozeß der Ilias wie der Odyssee, trotz ihrer Verschiedenheit, gleichermaßen bedeutsam sei[57]. Die Bickelsche Elementenanalyse steht zweifelsohne der soeben besprochenen Komponentenanalyse von Woodhouse nahe, allerdings ohne deren Schwächen der mangelnden Gattungsdifferenzierung und Inhomogenität der Komponenten zu teilen.

Anders als in den gerade besprochenen Arbeiten, die bestimmten Autoren oder Werken galten, setzen sich Meuli und Schweitzer zum Ziel, nicht in literarischer Fassung auf uns gekommene Sagen gewissermaßen zu rekonstruieren. In seinem Buch „Odyssee und Argonautika“ (1974, zuerst 1921) will Meuli unter Zuhilfenahme der Odyssee die alte Argonautensage, die seiner Ansicht nach zur Zeit des Dichters der Odyssee bereits epische Gestalt gewonnen hatte, wiedergewinnen[58]. Dabei bespricht er auch Märchenmotive und zieht Märchenparallelen heran, um schließlich zu dem Ergebnis zu gelangen, den Kern der Argonautensage bilde „eine dem Märchen von den kunstreichen Helfern sehr nah verwandte Erzählung“, die er jedoch nicht direkt als Märchen bezeichnet wissen will, da sie zwischen "Naturmythus, Tierfabel und Märchen“ stehe[59]. Stattdessen schlägt er in Anlehnung an Heusler (der wiederum von Wundt abhängt[60]) den Terminus „Urfabel“ vor, um anzudeuten, daß es sich um die gemeinsame Quelle von Heldensage und Märchen handele[61]. Auch die Geschichten von Phineus und Kirke ordnet Meuli in den Zusammenhang des Helfermärchens ein[62], wogegen die Polyphem-Erzählung Dichtererfindung sei, freilich unter Verwendung „volkstümlicher Geschichten“[63].

Ganz ähnlich versucht Schweitzer in seinem „Herakles“ (1922) die Herakles-Sage, insbesondere den Dodekathlos, wenn nicht auf das ursprünglich zugrundeliegende „Herakles-Märchen“, so doch wenigstens auf eine frühere Sagenform zurückzuführen. Dabei rechnet er, ähnlich wie Aly und Meuli, mit dem „prähistorischen Märchen“, das er mit Wundt auch als „Mythenmärchen“ bezeichnet, als Urform aller mündlichen Prosaerzählung; außerdem setzt er die

---

[57] Bickel 1949, 35-37: „Märchenprosa als Vorstufe des Heldenepos“.

[58] Die These vom alten Argonautenepos, das Od. 10 und 12 als Vorbild gedient habe, kann heute als erledigt gelten: cf. Hölscher 1990, 170-185.

[59] Meuli 1974, 22 sq.

[60] Cf. Lüthi 1996, 67.

[61] Meuli 1974, 23.

[62] Meuli 1974, 98-106 und 112-114.

[63] Meuli 1974, 70-73, cf. 80.

Existenz der Gattung „Märchen" auch für die Antike voraus, wofür vor allem bildliche Darstellungen Zeugnis ablegten[64].

Aufgrund dieser Vorüberlegungen unternimmt es Schweitzer, von der Herakles-Sage ausgehend mit Hilfe verschiedener Märchenparallelen und archäologischer Zeugnisse sich möglichst weit dem (von ihm für dorisch erklärten) „Herakles-Märchen", das ein solches „Mythenmärchen" sei, anzunähern. Dieses Mythenmärchen sei die gemeinsame Grundlage der Herakles-Sage wie verschiedener neuzeitlicher Märchenparallelen[65]. Grundsätzliche Zustimmung zu Schweitzers nicht unumstrittener[66] Vorgehensweise und These äußert etwa Weinreich, der in seiner ausführlichen Besprechung (1924) weitere Parallelen beibringt und auch einige Modifikationen vorschlägt.

Der Meleager-Sage und ihrer Entstehung widmet sich schließlich Kakridis. Bereits in seinem Buch Ἀραί (1929) hatte er u.a. die verschiedenen Versionen der antiken Meleager-Sage miteinander verglichen und einigen neuzeitlichen Märchenparallelen gegenübergestellt, um so zu dem Ergebnis zu kommen, Grundlage der Erzählung sei ein altes Märchen, in dem das Motiv vom verborgenen Leben (Scheitmotiv) eine hervorragende Rolle gespielt habe.

Diese Ausführungen werden in Kakridis' Aufsatz ΜΕΛΕΑΓΡΕΙΑ (1935) wesentlich vertieft und ergänzt[67]: Hier wird ein neuzeitliches Märchen aus Ätolien (!), das mit Teilen der Meleager-Sage enge Übereinstimmungen zeigt, dazu verwendet, die Rekonstruktion des der Sage zugrundeliegenden Märchens zu stützen und zu modifizieren[68]. Voraussetzung hierfür ist allerdings Kakridis' Annahme, bei dem ätolischen Märchen handele „es sich eher um eine alte, ununterbrochene Tradition, als um eine gelehrte Wiederbelebung"[69]. Skeptisch stimmt, daß als Beweis für diese kühne These lediglich auf die Existenz eines ähnlichen Märchens in Makedonien verwiesen wird. Außerdem sucht Kakridis seine Theorie von der Herkunft des Meleager-Stoffes aus einem alten Märchen auch durch die an sich plausible Deutung des Vorgehens der Althaia gegen

[64] Schweitzer 1922, 10 sq.

[65] Schweitzer 1922, 237.

[66] Cf. Pfister 1930, 173 sq. (mit weiterer Literatur).

[67] Eine erweiterte und um neuere Literatur ergänzte, jedoch in den Ergebnissen weitgehend unveränderte Fassung bildet das Kapitel „Meleagrea" in Kakridis 1949, 11-42.

[68] Cf. Kakridis 1935, 7 sq.

[69] Kakridis 1935, 5. Wie überaus vorsichtig man mit derartigen Kontinuitäts-Hypothesen umgehen sollte, die methodisch im 19. Jahrhundert verwurzelt sind (cf. Schmidt 1978 (= 1877), 5-9), lehrt exemplarisch Fehling 1972.

ihren eigenen Sohn zugunsten ihres Bruders als Relikt einer zwar nicht matriarchalischen, aber doch matrilinearen Gesellschaftsform und damit als Reflex einer besonders altertümlichen sozialen Erscheinung zu stützen[70].

Mag diese Erklärung auch einleuchten, so ist doch damit noch nichts für den Erweis eines alten Märchens getan; denn die Zuordnung der Gattung „Märchen" zu einer besonders archaischen Gesellschaftsform wird fraglos vorausgesetzt. Zugrunde liegt offenbar die These vom Märchen als Urform aller mündlichen Erzählung[71]. Recht überzeugend ist dagegen die Rationalisierung der Sage bei ihrer Übernahme ins Epos durch die Ersetzung des Scheitmotivs durch das Fluch- und das Grollmotiv dargestellt. Dabei rechnet Kakridis mit einer vorhomerischen Meleagris, die aber nicht unbedingt ein selbständiges Epos habe sein müssen, sondern auch in größerem epischen Zusammenhang denkbar wäre[72].

In einer Appendix zu seinen „Homeric Researches" (1949)[73] stellt Kakridis schließlich noch 15 Märchenparallelen zur Meleager-Erzählung zusammen, deren Abhängigkeiten er in Anlehnung an die geographisch-historische Methode der Finnischen Schule zu klären sucht. Zur Illustration seiner Ergebnisse entwirft er ein Stemma[74], in welchem vom (erschlossenen) ursprünglichen Märchen einerseits die Meleagris, andererseits die aufgeführten neuzeitlichen Märchen abhängen.

Doch allein die Quantität der Parallelen, die im übrigen fast alle aus dem östlichen Mittelmeerraum stammen, ist noch kein zwingender Beweis für unabhängige mündliche Überlieferung eines einzigen zugrundeliegenden Märchens, wie Kakridis postuliert[75]. Es könnte sich durchaus auch um Abkömmlinge einer oder mehrerer gelehrter Wiederbelebungen handeln, wir haben es schließlich mit einem weitgehend einheitlichen und in sich vielfach gemischten Kulturraum zu tun[76]. Abgesehen davon haben viele der beigezogenen Paral-

---

[70] Cf. Kakridis 1935, 22.

[71] Cf. von der Leyen 1911, 7; zurückhaltender formuliert in der 4. Auflage desselben Werkes: 1958, 4. Zur Problematik der Rekonstruktion eines „Meleager-Märchens" cf. kurz das unten (2.1.3) zu Petersmann 1994 Gesagte.

[72] Kakridis 1935, 14 sq.

[73] Kakridis 1949, 127-148.

[74] Kakridis 1949, 146.

[75] Kakridis 1949, 136 sq.

[76] Cf. Brednich 1998, 549: „Aufgrund neuerer Einsichten in die Tradierungsprozesse von Volkserzählungen könnten aufgrund der fehlenden Zwischenglieder die rezenten

lelen kaum mehr als das bloße Motiv vom verborgenen Leben gemeinsam, welches in magischen Vorstellungen vom Sympathiezauber wurzelt, so daß auch die Annahme der Polygenese derartiger Geschichten nicht einfach von der Hand zu weisen ist.

Während die bisher besprochenen Arbeiten alle von einem Spezialproblem, d.h. einem bestimmten Sagenkreis oder literarischen Werk ausgingen, wollen Hausrath und Marx in ihrem Buch „Griechische Märchen" (1922, zuerst 1913) eine Textanthologie volkstümlicher Erzählungen der Antike in deutscher Übersetzung bieten. Nach einigen knappen, wenig theoretisch-systematischen Überlegungen zu Märchen und Volkserzählung der Antike, die durch ihre in die Literatur gedrungenen Motive noch kenntlich seien, folgt eine kurze Übersicht über „volkstümliche Märchenstoffe" als Grundlage literarischer Bearbeitungen, wie die „Schiffermären" der Apologe[77]. Den Hauptteil des Buches bildet ein buntes Sammelsurium verschiedener volkstümlicher Erzählstoffe, wie „Märchen", Fabeln, Schwänke und Novellen.

Bewußt auf dem Gebiet der Theorie bewegt sich dagegen Bethes Schrift „Märchen-Sage-Mythus" (1922, zuerst 1905), freilich ohne sich dabei auf die Antike zu beschränken. Bethe bezieht zum Problem des antiken Märchens zwar nicht explizit Stellung, doch geht er von der gleichzeitigen Existenz der Gattungen Märchen, Sage und Mythos bereits in der Antike aus. Keiner dieser Gattungen mißt er Priorität zu, sondern rechnet mit fließenden Übergängen und gegenseitiger Beeinflussung durch hin und her wandernde Motive[78]. Der Schwerpunkt der Ausführungen Bethes liegt allerdings auf dem Gebiet der Sage.

Eine ähnliche Zielrichtung verfolgt Radermacher in seinem Bethe gewidmeten Buch „Mythos und Sage bei den Griechen" (1943, zuerst 1938). Den ersten Teil der Untersuchung („Vorfragen") bildet ein kommentierender Abriß der Forschungsgeschichte auf dem Gebiet des Mythos und der Sage der Hellenen, gefolgt von einer ausführlichen Diskussion verschiedener Formen der mündlichen Prosaerzählung und ihrer Charakteristika („Mythos, Sage, Märchen",

---

Aufzeichnungen des M[eleager]stoffes gleichwohl als Wiederaufnahme und Nacherzählungen der antiken Vorlagen in Anspruch genommen werden."

77 Hausrath/Marx 1922, IX.

78 Bethe 1922, bes. 116-122. Damit kommt Bethe schon dem nahe, was Hansen 1997, 445 sq. - allerdings nicht nur auf Motive, sondern auf ganze Erzählungen bezogen- „genre variance" genannt hat; ähnlich bereits Radermacher 1943, 80-83 und -von folkloristischer Seite- Thompson 1951, 10; cf. Honko 1987.

67-88). Ohne daß Radermacher zur Frage der Chronologie dieser Erzählgattungen explizit Stellung nimmt, wird doch deutlich, daß er sie -jedenfalls im Bereich der Antike- für synchrone Phänomene hält, gerade auch weil er im Gefolge Bethes (s.o.) den Grad ihrer Vermischung und Wechselwirkung aufeinander sehr hoch veranschlagt[79]. In der Folge geht es Radermacher vor allem darum, anhand zahlreicher Beispiele in die Heldensage eingeflossene Elemente anderer Erzählgattungen wie z.B. des Märchens aufgrund methodischer Überlegungen und unter teilweiser Heranziehung von Märchenparallelen manifest zu machen, um sich so dem Grundbestand der Sage anzunähern.

Sein Vorgehen führt Radermacher im zweiten Teil des Buches („Versuche") exemplarisch an der Untersuchung der Sagenkreise um Iason und Theseus vor. Dabei kommt er zu dem Ergebnis, die Argonautensage sei aus der Verbindung der im Märchen wurzelnden Erzählung von Iasons Ostfahrt zum goldenen Vließ, Drachenkampf und Brautgewinnung („Iasonis") mit der abenteuerlichen Westfahrt des Wunderschiffes Argo nach Aia entstanden[80], so daß Meulis (1974 = 1921) These vom zugrundeliegenden Helfermärchen nicht mehr aufrechterhalten werden könne[81]. Ebenso seien die einzelnen Züge der Theseus-Sage z.T. verschiedener Herkunft, wobei die Elemente örtlicher Sagenbildung jedoch überwögen[82].

Auch Halliday läßt in seiner Untersuchung „Indo-European Folktale and Greek Legend" (1933)[83] auf theoretisch-methodische Überlegungen zur antiken Volkserzählung (unter Einschluß des Märchens) Einzeluntersuchungen folgen, in denen die Frage nach der Herkunft der behandelten Stoffe eine wichtige Rolle spielt. Dabei führt er u.a. die Perseus-Sage auf ein Märchen zurück.

Vom folkloristischen Standpunkt geht Halliday in seinem Buch „Greek and Roman Folklore" (1963, zuerst 1927) aus und kommt auch auf Mythos, Sage und Märchen zu sprechen, das er bereits aus indogermanischen Quellen herleitet[84] und dessen Existenz in der Antike er aus den vorhandenen Märchen-

---

[79] Radermacher 1943, 82: „...der Freiheit des Austausches ist kaum eine Grenze gezogen."

[80] Radermacher 1943, 237; cf. 223 sq.

[81] Radermacher 1943, 212 sq.

[82] Radermacher 1943, 301: Im Gegensatz zur „viel mehr indogermanisches Erbgut" verarbeitenden Herakles-Sage überwögen bei Theseus „Dinge, die den Charakter des aus dem Boden des Landes selbst Entsprossenen tragen."

[83] Mir bisher nur greifbar durch Rose 1933.

[84] Halliday 1963, 78 sq.

motiven erschließt[85]. Das neuzeitliche Märchen stehe aber nur zu einem geringeren Teil in der mündlichen Tradition des antiken und indogermanischen Märchens, der Einfluß der seit den Kreuzzügen in Europa bekannt gewordenen orientalischen literarisch geformten Erzählcorpora überwiege bei weitem[86].

Eine zusammenfassende Übersicht über die ältere Forschung zum antiken Märchen bietet schließlich Alys RE-Artikel „Märchen" (1928). Wie in seiner oben besprochenen Arbeit geht er auch hier vom Märchen als Grundform aller mündlichen Prosaerzählung aus[87]. Nach einigen Ausführungen zum Märchen im alten Orient und in Indien kommt Aly auf die griechisch-römische Antike zu sprechen: Die Existenz des antiken Märchens, das neben echter Volksüberlieferung zweifelsohne auch viel gesunkenes Literaturgut enthalte[88], leitet er einerseits -unter gewisser Zurückhaltung- aus der häufigen Erwähnung von γραῶν μῦθοι und *fabellae aniles* her[89], andererseits erschließt er sie, wie üblich, aus der Vielzahl von Motiven und Elementen, die aus dem (verlorenen) Märchen in die (erhaltene) Literatur gedrungen seien. Gerade auf den von Aly nur angedeuteten und bisher kaum verfolgten ersteren Ansatz soll weiter unten (Kapitel 3) noch näher eingegangen werden, während der ausführlich behandelte letztere doch sehr im Rahmen des seit den Brüdern Grimm Üblichen bleibt.

### 2.1.3 Die *communis opinio* nach 1945

Auch nach 1945 ging das Interesse am antiken Märchen vor allem vom Bemühen um das angemessene Verständnis bestimmter Autoren und ihrer Werke aus, während die Frage nach der Geschichte der Gattung „Märchen" in der Antike in den Hintergrund trat. An erster Stelle standen hier natürlich wieder die homerischen Epen, insbesondere die Odyssee[90].

---

[85] Halliday 1963, 87 sq.

[86] Halliday 1963, 112-114, cf. 83.

[87] Aly 1928, 256.

[88] Aly 1928, 265.

[89] Aly 1928, 266 sq.

[90] Einige Arbeiten, die in den hier in Frage stehenden Bereich fallen oder ihn zumindest berühren, nennt und bespricht kurz Heubeck 1974, 153-159.

So geht Carpenter in seinem Buch „Folk Tale, Fiction and Saga in the Homeric Epics" (1956, zuerst 1946) vom Märchen als uralter Gattung mündlicher Erzählung aus, die bis in unsere Zeit lebendig geblieben sei: Die Sammlung der Brüder Grimm wie das homerische Epos schöpfe aus demselben, zugrundeliegenden Märchenschatz, nicht jedoch ohne ihn je nach Geist und Bedürfnis ihrer eigenen Zeit und Umgebung zu gestalten[91]. Dies gelte ausdrücklich sowohl für die Ilias wie für die Odyssee, als deren gemeinsame Grundlage Carpenter neben dem Märchen noch Sage und poetische Fiktion postuliert[92].

In der Folge unternimmt er es, das Verhältnis dieser Elemente zueinander in den homerischen Epen zu untersuchen. Dabei stützt Carpenter sich sehr stark auf Parallelen aus dem nordeuropäisch-germanischen Bereich, insbesondere auf das Märchen vom Bärensohn[93], welches z.B. auch Grundlage des Beowulf sei. Da die Form des echten Märchens für ein griechisches (wie auch modernes) Publikum bedeutungslos und unattraktiv gewesen sei, sei dieses lediglich in humanisierter und rationalisierter Gestalt auf uns gekommen, wie es auch bei Homer meist nur noch in verhüllter Form oder einzelnen Motiven kenntlich sei[94]. Insgesamt überwiege in beiden homerischen Gedichten die poetische Fiktion, in der Ilias spiele daneben die Sage, in der Odyssee das Märchen eine herausragende Rolle, wobei jedoch das jeweils andere Element auch nicht ganz fehle[95].

Aus entschieden unitarischer Perspektive behandelt Reinhardt „Die Abenteuer der Odyssee" (1948)[96]. Auch er kommt zu dem Ergebnis, im Ursprung der Odyssee sei dreierlei zu unterscheiden: „etwas Volkstümliches, Märchenhaftes; etwas von dem jüngsten Geiste einer anbrechenden neuen Zeit; und ein erlauchtes Vorbild: das der Ilias."[97] Doch Reinhardts Untersuchung richtet sich in erster Linie auf den inneren Zusammenhang des aus diesen Elementen geformten Stoffes; er will zeigen, daß die „Abenteuer der realen und der Märchenwelt ... nicht verschiedene Dichter, sondern Stufen des einen und des-

---

[91] Carpenter 1956, 18; cf. 4, wo darauf hingewiesen wird, daß jede mündliche Erzählung strenggenommen nur so alt ist wie der Tag ihrer Performanz bzw. ihrer Aufzeichnung.

[92] Carpenter 1956, 21 sq. Auch ohne ausdrückliche Bezugnahme fühlt man sich deutlich an Aly (1969, zuerst 1921) und Bickels „Elementenanalyse" (1949, zuerst 1942) erinnert.

[93] Typ AaTh 301: "The Three Stolen Princesses".

[94] Carpenter 1956, 70 sq. Ähnlich hatte bereits Welcker argumentiert (s.o.).

[95] Carpenter 1956, 182 sq.

[96] Erweiterte Fassung seiner unveröffentlichten Leipziger Antrittsvorlesung von 1942.

[97] Reinhardt 1948, 56.

selben Geistes“ bedeuten[98]. Damit setzt Reinhardt sich bewußt von der Fülle vorwiegend motivgeschichtlich orientierter Arbeiten der vorausgegangenen Jahrzehnte ab.

Dagegen wählt Germain in seinem Buch „Genèse de l'Odyssée“ (1954) im Anschluß an Radermacher (1915, s.o. Kapitel 2.1.2) eine weit ausgreifende Perspektive für seine Untersuchung der verschiedenen Erzählmotive der Odyssee. Dabei unternimmt er es, in der Odyssee unter reichlicher Verwendung von Erzählungen und Märchenparallelen vieler Völker verschiedenes Erzählgut (auch Märchenhaftes) unterschiedlicher Herkunft nachzuweisen. Diese versucht er dann auch jeweils genauer zu bestimmen, da er in Übereinstimmung mit der geographisch-historischen Methode der Finnischen Schule die Möglichkeiten der Polygenese sehr kritisch einschätzt. So rekonstruiert Germain z.B. für die Bogenprobe eine Urform, die er auf ein Ritual von Nomadenvölkern der eurasischen Steppen zurückführt[99]; ebenso leitet er die Kyklopie von Initiationsriten aus dem ägyptisch-nordafrikanischen Raum ab[100].

Insgesamt sieht Germain in der Verbindung von orientalischem und eurasischem Erzählgut, das in Ionien aufeinandergetroffen sei, die stoffliche Grundlage der Odyssee, während er Carpenters starke Betonung der Bedeutung nordeuropäisch-germanischer Stoffelemente nicht nachvollzieht. Mögen Germains Einzelergebnisse und z.T. kühnen Thesen auch nicht in jedem Falle ungeteilte Zustimmung gefunden haben, so bedeuten die Weite der Fragestellung, die Fülle des Stoffes und die Vielschichtigkeit der in Aussicht genommenen Lösungsansätze doch eine erhebliche Bereicherung der Forschung[101].

Speziell den Märchenelementen in der Odyssee geht Page in seinem Buch „Folktales in Homer's Odyssey“ (1973)[102] nach. Anhand einer Untersuchung verschiedener Episoden der Apologe, zu der auch Märchenparallelen herangezogen werden[103], kommt er zu dem Schluß, in der Odyssee seien verschiedene, international verbreitete Märchen verarbeitet, deren Kombination mit Elementen der Sage sich allerdings bereits vor Entstehung der uns in der Odyssee vorliegenden Form vollzogen haben könnte. Jedenfalls seien diese

[98] Reinhardt 1948, 61.

[99] Cf. Germain 1954, 51-54.

[100] Cf. Germain 1954, 126-129.

[101] Cf. Heubeck 1974, 121 sq.

[102] Auch hier handelt es sich um die (leichte) Überarbeitung einer Vorlesungsreihe.

[103] Zur hier übergangenen Polyphem-Episode cf. Page 1955, 1-10: „Odysseus and Polyphemus“, ganz ähnlich in Methode und Resultaten.

Märchen den Erfordernissen des Epos angepaßt und von allzu phantastischen Elementen gereinigt, z.T. auch in verkürzter und eher anspielender Form gebraucht, ihre Kenntnis beim Publikum werde vom Dichter allerdings vorausgesetzt[104]. Vielleicht durch den Vorlesungscharakter des Werkes bedingt, nichtsdestoweniger störend bei einem Buch, das sich durchaus verdienstvoll ganz der Frage nach der Bedeutung des Märchens für das Verständnis der Odyssee widmet und „folktale" sogar im Titel führt, ist das Fehlen jeder eingehenden Definition, was der Autor unter diesem dehnbaren Begriff eigentlich genau versteht[105], so daß die Ergebnisse ein wenig im unbestimmten bleiben.

Ganz der Polyphem-Episode und ihrem Verhältnis zu den zahlreichen Parallelen in den Märchen verschiedener Völker widmet sich Glenns Untersuchung „The Polyphemus Folktale and Homer's *Kyklôpeia*" (1971). Gestützt auf gerade zu dieser Erzählung sehr zahlreiche Vorarbeiten von Märchenforschern wie Altertumswissenschaftlern[106] kommt er zu dem (allerdings nicht neuen) Ergebnis, die homerische Polyphem-Erzählung gehe auf ein weit verbreitetes Volksmärchen zurück, welches durch eine große Zahl von der Odyssee unabhängiger Parallelen greifbar sei[107]. Daraufhin untersucht er 25 Einzelmotive der homerischen Version, an denen er die Originalität der in der Odyssee vorliegenden Gestaltung des Stoffes aufzeigen will.

Dagegen rückt Petersmann in seinem Vortrag „Homer und das Märchen" (1981) wieder die Gesamtheit der homerischen Epen ins Blickfeld. Gestützt auf die uns schon geläufige These von der „Existenz einer reichen Märchentradition" auch in der Antike, die allerdings nur noch durch in die Literatur gedrungene Märchenmotive und deren Vergleich mit „den Märchen anderer Völker" greifbar sei[108], stellt Petersmann zunächst einige klug abwägende Überlegungen zum Märchen allgemein, zu seinem Wesen, Ursprung und

---

[104] Cf. Page 1973, 90 sq.

[105] Die vage Abgrenzung zur Sage durch deren Realismus und historischen Anspruch kann dies kaum ersetzen: Page 1973, 117, Anm. 2. Leise Kritik an diesem grundlegenden Mangel äußert auch J.B. Hainsworth in seiner Rezension des Buches, in: CR 26 (1976) 165 sq.

[106] Neben Grimm 1887; Meuli 1974, 65 sqq.; Germain 1954, 55-129 und Page 1955, 1-20 cf. etwa noch Röhrich, L., Die mittelalterlichen Redaktionen des Polyphem-Märchens und ihr Verhältnis zur außerhomerischen Tradition, in: Röhrich 1976 a, 234-252 und 326-328 (zuerst in: Fabula 5 (1962) 48-71), jeweils mit weiterer Literatur (bes. Röhrich 1976 a, 326 sq.).

[107] Cf. Glenn 1971, 144. Scharfe Kritik an Glenns Arbeitsweise und Ergebnissen übt Fehling 1977, 89-97 (s.u. Kapitel 2.1.4).

[108] Petersmann 1981, 44.

Verhältnis zu verwandten Erzählgattungen wie dem Mythos an, die er mit der Perseus-Sage illustriert, welche nahe Affinität zum Märchen zeige[109].

Darauf wendet er sich zunächst der Ilias zu: Das dem Märchen entstammende „Phantastisch-Wunderbare" sei dort weitgehend unterdrückt und finde, „wenn überhaupt, nur im Bereich des Göttlichen seinen Platz."[110] Die Übertragung vom Märchen „in den Bereich der olympischen Götter" lasse z.B. noch die Διὸς ἀπάτη ahnen, in deren Nähe Petersmann auch die burleske Erzählung von Ares und Aphrodite rückt[111]. Über die Bellerophontes-Sage, die aus einem märchenhaften Kern unter Hinzutreten von Elementen der Sage und Novelle entstanden sei, und die in der Ilias bekanntermaßen rationalisierte Meleager-Sage kommt Petersmann schließlich auf die Odyssee zu sprechen:

Hier sei das Märchen in weit höherem Maße als in der Ilias präsent, das ganze Epos basiere auf einer „Heimkehrernovelle, in die Geschichten von märchenhaften Erlebnissen des Helden verwoben" seien[112]. Dennoch stellten Rationalisierung und Vermenschlichung „ein zentrales Anliegen des Odysseedichters" dar, so daß auch in den hierfür eigentlich prädestinierten Apologen „wenig Märchenstoff in originaler Form" zu finden sei[113]. Noch am echtesten habe die Kirke-Episode „die Züge eines Märchens" bewahrt[114]. Insgesamt bietet Petersmanns Vortrag einen guten Überblick über Möglichkeiten und Resultate der Forschungen zum Thema „Homer und das Märchen" und mag als Repräsentant dessen gelten, was man heute als *communis opinio* auf diesem Gebiet ansprechen kann.

An Aspekte der eben besprochenen Arbeit knüpft Petersmann in seinem Aufsatz „Vom Märchen zur epischen Sage" (1994) an. Ausgehend von der „erwiesenen Tatsache", daß die untereinander in mannigfaltiger Wechselwirkung stehenden Erzählgenera: Mythos, Sage und Märchen „die tragenden Bestandteile der epischen Sangeskultur" ausmachten, wählt er die Geschichte von Meleager als „Paradebeispiel dafür, wie aus einem alten Märchen letztlich Sage wurde"[115]. Dabei sucht Petersmann die Argumentation von Kakridis, der aus dem Vergleich der verschiedenen Sagenversionen ein zugrundeliegendes

[109] Petersmann 1981, 48-50.

[110] Petersmann 1981, 50.

[111] Petersmann 1981, 52.

[112] Petersmann 1981, 61.

[113] Petersmann 1981, 63.

[114] Petersmann 1981, 66.

[115] Petersmann 1994, 15 sq. mit weiterer Literatur zu diesem vieldiskutierten Problem.

Märchen rekonstruiert hat (s.o. Kapitel 2.1.2), durch die Untersuchung der in der Sage auftretenden Eigennamen zu ergänzen: Μελέαγρος und Ἀλθαία deutet er als Appellativa, die typische Wesensmerkmale ihrer Träger bezeichneten, und kann sie so als sekundäre Benennungen ursprünglich natürlich anonymer Märchenfiguren erklären.

Zwingende Argumente, ein anonymes Märchen als Grundlage der Meleager-Sage anzunehmen, sind aber, abgesehen vom Auftreten des „Märchen"-Motivs vom verborgenen Leben[116], aus dieser Argumentation durchaus nicht ableitbar[117]. Auch Oineus und Kleopatre/Alkyone fügen sich diesem Schema nicht ein, weswegen Petersmann sie nicht zum Grundbestand des alten Märchens rechnet, sondern erklärt, sie seien aus anderer Quelle erst der epischen Sage bzw. der vorhomerischen Meleagris zugewachsen[118]. Somit wird die Ergänzung des handelnden Personals mit der Ersetzung des Scheitmotivs durch das Grollmotiv bei der angenommenen Umformung des Märchens zur Sage parallelisiert. Gut kommt dabei die rationalisierende und humanisierende Tendenz der epischen Sage zum Ausdruck, während die Zurückführung von Trägern sprechender Namen auf anonyme Märchenfiguren die Annahme eines zugrundeliegenden Märchens bereits voraussetzt, so daß die Gefahr einer *petitio principii* nicht ganz von der Hand zu weisen ist[119].

---

[116] Hierzu bemerkte bereits Bethe, E., Ilias und Meleager, in: RhM 74 (1925) 1-12, hier 7: „Gewiss ist das Märchenmotiv vom 'verborgenen Leben' von ehrwürdigem Alter, aber das genügt doch nicht, nun auch seiner Verbindung mit Meleager hohe Altertümlichkeit zuzuerkennen." Cf. Bethe 1922, 88.

[117] Petersmann 1994, 22 glaubt offenbar, der anonyme Held des alten Märchens müsse bereits ein Jäger gewesen sein, weswegen er dann auch in die Sage von der Kalydonischen Jagd übernommen worden sei, die bereits Kakridis als nicht zum ursprünglichen Märchen gehörig bezeichnet hatte (cf. Kakridis 1935, 6). Doch gerade im angenommenen Märchen vom verborgenen Leben (Scheitmotiv) ist des Helden Eigenschaft als Jäger gut verzichtbar (und die von Kakridis 1949, 128-136 angeführten parallelen Märchen verzichten tatsächlich alle darauf - mögen sie auch entgegen seiner Ansicht literarisch inspiriert sein, so zeigen sie doch, wie eine solche Geschichte aussehen könnte), nicht jedoch in der Kalydonischen Jagd. Somit scheint die Rekonstruktion des anonymen Märchens vom verborgenen Leben als Vorstufe der Meleager-Sage, das erst sekundär mit der Kalydonischen Jagd verbunden worden sei, nicht zwingend. Gut vorstellbar wäre es dagegen, gleich von Anfang an mit Meleager als kalydonischem Jäger, d.h. als Sagenhelden zu rechnen (hier erst hat auch sein Name echte Berechtigung), der - absichtlich oder nicht- seinen an diesem Unternehmen ebenfalls beteiligten Onkel tötet, woraufhin seine Mutter Althaia das Lebensscheit ins Feuer wirft (die von Petersmann vorgeschlagene Deutung des Namens paßt hier genauso gut). Daß diese Version der Geschichte dann rationalisiert und durch den Fluch der Mutter und das Grollmotiv ersetzt wurde, steht außer Frage.

[118] Cf. Kakridis 1935, 14 sq.

[119] In ähnlicher Weise deutet auch Hölscher 1990, 46 Penelope ursprünglich als Märchenheldin mit sprechendem Namen. Man bedenke allerdings, daß auch ein sprechender Name eine ihn

Einen allgemeinen Überblick über die Bedeutung der Folklore für das homerische Epos will Bertolini in seinem Aufsatz „Dal folclore all'epica" (1989) geben. Zwar seien volkstümliche Erzählungen wie vor allem das Märchen nur eine der Komponenten des Epos und nur noch in literarischer Brechung greifbar, doch könne man sich ihnen durch Untersuchung des Transformationsprozesses durchaus annähern[120]. Dies unternimmt Bertolini in der Folge, indem er zunächst einzelne Motive, dann die Geschichten von Bellerophontes, Kirke und Polyphem bespricht. Deutlich arbeitet er die Tendenz des Epos heraus, Elemente des Wunderbaren zu rationalisieren und die handelnden Personen nicht nur fest in Raum und Zeit zu verankern, sondern auch mit einer psychologischen Dimension zu versehen. Diese Tendenz sei jedoch nicht einheitlich durchgeführt, so daß das Epos noch verschiedene Abstufungen in der Intensität der Adaptation volkstümlichen Erzählmaterials nebeneinander erkennen lasse[121].

Im allgemeinen zeigt Bertolini sich bei seiner Untersuchung in hohem Grade den Arbeiten anderer Forscher verpflichtet, deren Ergebnisse er auch extensiv referiert[122]. Am meisten Originalität kann noch die ritualistische Deutung der sonst häufig auf ein Märchen zurückgeführten Kirke-Episode („è una sorta di iniziazione sessuale")[123] beanspruchen, auch wenn Germain (1954) bereits auf diesem Weg vorangegangen war (s.o.).

---

erklärende Erzählung erst generieren kann, wie dies bei Oidipus wahrscheinlich (cf. Kroll 1912, 173), beim (allerdings oft mißdeuteten) Argeiphontes sicher der Fall ist (cf. Heubeck, A., Argeiphontes und Verwandtes, in: BN 5 (1954) 19-31 = Kleine Schriften zur griechischen Sprache und Literatur, ed. B. Forssman, S. Koster, E. Pöhlmann, Erlangen 1984 (Erlanger Forschungen, Reihe A, 33) 14-21.). Oder wer wollte Hektor wegen seines (in der Antike jedenfalls durchweg) als sprechend empfundenen Namens zum Nachfahren eines anonymen Märchenhelden machen? Cf. Heubeck, A., Studien zur Struktur der Ilias (Retardation - Motivübertragung), in: Gymnasium Fridericianum. Festschrift zur Feier des 200=jährigen Bestehens des Hum. Gymnasiums Erlangen 1745-1945, 2. Teil, Erlangen 1950, 17-36, hier: 35 sq. (mit weiterer Literatur), der Hektor ausdrücklich in das Gebiet dichterischer Erfindung weist.

[120] Cf. Bertolini 1989, 132 sq.

[121] Bertolini 1989, 148.

[122] Eine ziemlich vollständige Aufstellung der zum Thema in Betracht kommenden Literatur bieten die Anmerkungen; allerdings fehlt Fehling 1977, der zu Polyphem nicht hätte beiseite bleiben dürfen. - Die zu Beginn (131 sq.) ausführlich zitierten Passagen aus Bogatyrev und Jakobson spielen im Fortgang der Untersuchung leider kaum noch eine Rolle.

[123] Bertolini 1989, 145.

In seiner die Gesamtheit des Werkes umfassenden Monographie „Die Odyssee“ (1990) bezieht Hölscher auch ihre Grundlagen in seine Deutung mit ein[124], wie schon der Untertitel „Epos zwischen Märchen und Roman“ andeutet. Die Urform der Odyssee bezeichnet Hölscher als eine „einfache Geschichte“, worunter er „eine subliterarische Form, die in den literarischen Gestaltungen auf verschiedene Weise enthalten sein kann“, versteht, mithin also ein Abstraktum, das sich erst in den verschiedenen Formen mündlichen Erzählens wie Sage, Märchen, Fabel oder Legende konkretisiere[125] und damit Jolles' „Einfachen Formen“ (1958, zuerst 1931) noch vorausgeht. Deutlich in der Nachfolge Propps (1972) steht die Betonung der abstrakten Form mit fester Struktur und Typus als Konstitutivum der „einfachen Geschichte“.

Die der Odyssee zugrundeliegende „einfache Geschichte“ rechnet Hölscher zum Typus der „Heimkehrgeschichten“, die sich in verschiedenen mündlichen Erzählgattungen manifestierten[126]; im Fall der Odyssee überwiege aber das Element des Märchens bzw. der „Märchennovelle“[127]. Die Existenz der genuinen Gattung „Märchen“, die Hölscher weniger durch das Element des Wunderbaren bestimmt sieht (dies sei der ethnologischen Stufe, der das Märchen angehört, selbstverständlich), sondern in erster Linie durch den Typ des Helden und die charakteristische Struktur als „Wanderung ins Unbekannte und ... Rückkehr zum Ausgang“[128], setzt er allerdings für Griechenland zumindest in historischer Zeit nicht mehr voraus; hier sei es vielmehr von vornherein „bereits von der heroischen Sage absorbiert.“[129]

Im Fortgang der Untersuchung zieht Hölscher freilich immer wieder Märchenparallelen heran (meist russische aus der Sammlung Afanasjevs, mit der ja

---

[124] Eine Vorstudie zu den in diesem Zusammenhang besonders interessierenden Kapiteln I, III, IV, XVII und XX wurde zuvor bereits separat veröffentlicht: Hölscher, U., The Transformation from Folk-tale to Epic, in: Fenik, B. C. (ed.), Homer - Tradition and Invention, Leiden 1978 (Cincinnati Classical Studies N.S. 2), 51-67.

[125] Hölscher 1990, 27.

[126] Hölscher 1990, 49.

[127] Hölscher 1990, 50 sq.; cf. 33.

[128] Hölscher 1990, 29.

[129] Hölscher 1990, 33: „In Griechenland scheint es, wenigstens nach unserer literarisch geprägten Überlieferung, das genuine Märchen, mit seiner Zeit- und Ortlosigkeit und der für das europäische Volksmärchen so charakteristischen Anonymität, kaum gegeben zu haben, es war immer schon 'historisiert', als Geschichte bestimmter Personen der Vergangenheit.“ Cf. Hölscher 1990, 226. Daneben rechnet Hölscher (1990, 30) damit, daß Märchen (wie Sagen) aber auch zum Mythos werden könnten, und nennt das „Gorgonenmärchen des Perseus“ und die „Sage von Ödipus“ als Beispiele.

auch Propp gearbeitet hatte), um die Vorgeschichte einzelner Szenen zu klären[130]. Gerade die gesamte Handlungsstruktur der Odyssee bzw. der ihr vorausgehenden „einfachen Geschichte" („Odysseus-Märchen") sucht Hölscher mit Verweis auf ein paralleles russisches Märchen als von vornherein originär zweisträngig zu erweisen[131]. Dabei hält er in der Praxis jedoch die theoretische Unterscheidung zwischen „einfacher Geschichte" und „Märchen" nicht ganz konsequent durch[132].

Zu erklären ist dies wohl durch Hölschers Vorbehalte gegen die auf bloße Motive gestützte Rekonstruktion der in der Antike ja nicht ohne weiteres faßbaren Gattung „Märchen", die dann wiederum zur Erklärung der Literatur, aus welcher sie ja erst erschlossen ist, herhalten soll. Die Hilfskonstruktion einer „einfachen Geschichte", die *in concreto* dem Märchen doch oft zum Verwechseln ähnlich sieht, kann hier aber auch nicht ganz befriedigen[133]. Zwar besteht prinzipiell zwischen der (traditionellen) Rekonstruktion aufgrund von Motiven und der von Hölscher vertretenen Rekonstruktion aufgrund von Strukturen kein Unterschied. Trotzdem stellt der von Hölscher beispielhaft angewandte strukturalistisch-formalistische Ansatz einen großen Fortschritt gegenüber der bloßen Parallelensuche und Motivvergleichung dar, da erst durch ihn Handlungsstrukturen faßbar und vergleichbar werden.

Die daraus gezogenen historischen Folgerungen bleiben jedoch weiterhin fraglich; denn was könnte das Kriterium für das Alter bzw. die Traditionalität einer festgestellten Struktur sein? Hölscher geht offenbar im allgemeinen davon aus, die ideale Struktur sei auch die ursprüngliche, was allerdings den Beobachtungen der Märchenforschung widerspricht, die neben dem „Zerzählen" einer Geschichte auch ein „Zurechterzählen" kennt[134]. Eine Ausnahme sieht

---

[130] So will er das Laistrygonenabenteuer (145-147) und die Szene bei Eumaios (187) aufgrund von Märchenparallelen mit analoger Struktur als traditionell erweisen, spricht bei der List der Penelope von „der Umwandlung des Märchens ins Epos" (249) und sieht im Zusammenhang des Freiermordes „Märchenmentalität" durchscheinen, die zeige, „daß die Geschichte ein Märchen gewesen" sei (259).

[131] Hölscher 1990, 46 sq. - nämlich die Kombination der Handlungsstränge „Suchwanderung" und „bedrängte Frau".

[132] Was ist nun etwa wieder ein „Märchenmythos" (74) oder eine „Märchennovelle" (50)?

[133] Durch die Einführung des Terminus „einfache Geschichte" umgeht Hölscher geradezu die mit einer genaueren Festlegung verbundenen Schwierigkeiten, ähnlich wie im Falle der Meleager-Geschichte die Unstimmigkeiten zwischen literarischem Befund und rekonstruiertem Märchen häufig auch unter Zuhilfenahme einer ebenfalls rekonstruierten epischen Vorstufe erklärt werden (s.o., bes. Kakridis 1935), was Hölscher hier allerdings zurückweist (cf. Hölscher 1990, 336, Anm. 4 mit weiterer Literatur).

[134] Cf. Lüthi 1996, 85, weitere Literatur: 87.

Hölscher selbst in der Telemachie, deren evidente strukturelle Übereinstimmungen mit dem typischen „Suchermärchen“ er zwar aufzeigt, andererseits jedoch „im ganzen wie im einzelnen für eine Erfindung des Odysseedichters“ hält, der sich an traditionellen Erzählmustern orientiert habe[135].

Der These von der märchenhaften „einfachen Geschichte“, deren Struktur in der Odyssee noch spürbar sei, widerspricht Patzer in der mit Hölscher zu dessen Odyssee-Buch geführten Briefdiskussion (Patzer/Hölscher 1990)[136]. Patzer betont mit Nachdruck die Zugehörigkeit der Odyssee zur Heldensage und die Bedeutung des Heroischen, ein „Odysseusmärchen“ sei ein Widerspruch in sich, so daß als „einfache Geschichte“ vor der Odyssee höchstens eine „Odysseussage“ in Frage käme. Generell sei der Übergang von Märchen in Sage wegen des grundlegenden Wesensunterschiedes dieser beiden Gattungen ausgeschlossen[137]. Kriterium für die Signifikanz von Märchenparallelen sei, daß „Entsprechungen von Märchenelementen mit Begebenheiten der *Odyssee* ... sich auch auf ihre Funktion im jeweiligen Handlungsgefüge erstrecken.“[138] Da Patzer diese Funktionsgleichheit bestimmter Motive in Märchen und Epos in Abrede stellt, kommt er zu dem Schluß, der Dichter habe über verschiedene Motive der mündlichen Volkserzählung frei verfügt und diese in seinem Sinne verwendet.

Überhaupt lehnt Patzer die häufige „Annahme einer Bindung der Dichter an subliterarische oder literarische Ganzheiten“ als *petitio principii* ab und unterstreicht stattdessen die „Originalität der Dichter“, die oft „erheblich unterschätzt“ werde[139]. Außerdem sei auch ein möglicher Einfluß der Lebenswirklichkeit auf das Epos in Betracht zu ziehen[140]. Trotz der hier geäußerten Bedenken bezüglich der allzu oft postulierten Bedeutung der Gattung „Märchen“ für die Odyssee stellt Patzer ihre bloße Existenz schon in vorhomerischer Zeit nicht grundsätzlich in Frage; in Kyklopie und Kirkeabenteuer sieht er sogar zwei, freilich heroisierte, „komplette Märchen“[141].

---

[135] Hölscher 1990, 54.

[136] Patzers Beitrag: 488-505; Hölschers Beitrag: 506-513.

[137] Patzer/Hölscher 1990, 489 sq.; cf. 502 und 505.

[138] Patzer/Hölscher 1990, 492; cf. 490.

[139] Patzer/Hölscher 1990, 497.

[140] Patzer/Hölscher 1990, 496.

[141] Patzer/Hölscher 1990, 497. - Für die Ilias hatte bereits Kroll 1912 auf die große Bedeutung dichterischer Invention hingewiesen.

In seiner Entgegnung betont Hölscher noch einmal die Möglichkeit des Übergangs vom durch seine typische Struktur gekennzeichneten Märchen zur Sage, „die vielmehr die Logik des 'Ereignisses' hat", dafür aber kein „typisches Schema". Mag auch die typische Märchenstruktur im Epos verdeckt sein, so erlaubten doch einige besonders signifikante Motive und Märchenparallelen ihre Rekonstruktion[142]. Ob man die Odysseus-Geschichte als Märchen, Novelle oder Sage bezeichne, sei von sekundärer Bedeutung; jedenfalls müsse die Struktur dieser Geschichte als „Struktur des Märchens" anerkannt werden[143]. Hölscher beharrt somit im Grunde auf seiner Theorie von der Märchenstruktur der Odyssee.

Das Verhältnis der homerischen Epen zur Volkserzählung thematisiert auch Edmunds in seinem Handbuch „Myth in Homer" (1993)[144]. Als typisches, auch für andere Episoden der Apologe gültiges Beispiel wählt er die Polyphem-Geschichte (29-33): Ihr lägen zwei ursprünglich voneinander unabhängige Volkserzählungen zugrunde, deren Verbindung erst durch den Dichter erfolgt sei; darauf habe er Odysseus zum Helden der so entstandenen Erzählung gemacht und sie in den Gesamtzusammenhang seines Werkes integriert. Ein wichtiger Anknüpfungspunkt sei dabei das bereits in den ursprünglichen Volkserzählungen angelegte Thema des verletzten Gastrechtes gewesen, das vom Raub der Helena bis zum Verhalten der Freier an Odysseus' Hof für Ilias und Odyssee gleichermaßen bedeutsam sei. Wie etwa Page[145] geht auch Edmunds davon aus, daß die Rezipienten des Epos mit den zugrundeliegenden Volkserzählungen vertraut gewesen seien; doch hätten sie weniger deren Mythisierung, als vielmehr deren Einbettung in den Erzählkontext des gesamten Epos goutiert. Zwei Appendices (69-86) mit zusammen 24 Parallelen zur Geschichte vom Raub der Helena und der vom heimkehrenden Gatten, die auch (vermeintliche) Märchen umfassen[146], schließen das Werk ab.

---

[142] Patzer/Hölscher 1990, 507 sq.

[143] Patzer/Hölscher 1990, 511.

[144] Edmunds' ebenfalls unter dem Titel „Myth in Homer" stehender und inhaltlich ansonsten über weite Strecken identischer Beitrag zu Morris/Powell 1997, 415-441 klammert die Volkserzählung bewußt aus, da ihr mit Hansen 1997 (s.u.) ein eigener Beitrag in diesem Sammelband gilt.

[145] Page 1970, 90 sq. (s.o.).

[146] So Appendix 2, Nr. 2 nach Bladé, der nach Steinbauer 1988 (s.u. 2.2.2) doch eher als Manipulator denn als Sammler echter „Volkserzählungen" einzuschätzen ist.

Eine umsichtige und klug abwägende Übersicht zum Thema bietet schließlich Hansens Beitrag „Homer and the Folktale" (1997)[147]. Hansen unterteilt traditionelles mündliches Erzählen grob in die drei Gattungen: Mythos (myth), Sage (legend) und Volkserzählung (folktale), die er -neben anderen Kriterien- auch durch den Grad ihres Anspruchs, geglaubt zu werden, voneinander abgrenzt[148]. So erhebe die Volkserzählung keinen unbedingten Wahrheitsanspruch, doch auch das Element des Wunderbaren sei für sie nicht konstitutiv[149]. Nun könne ein bestimmter Erzähltyp, der durch seine narrative Struktur gekennzeichnet sei, synchron oder diachron an verschiedenen Orten oder ortsgebunden in jeder dieser drei Gattungen seinen Niederschlag finden, was Hansen als „genre variance" (Gattungsvarianz) bezeichnet[150].

Im Anschluß an diese theoretischen Überlegungen vergleicht Hansen verschiedene homerische Geschichten mit internationalen Parallelen und faßt seine Ergebnisse in einem Typenkatalog mit zwei Eintragungen für die Ilias und zehn für die Odyssee zusammen[151]. Dabei weist er aber ausdrücklich darauf hin, daß trotz der zahlreichen Parallelen echte Volkserzählungen in den homerischen Epen nicht recht greifbar seien, obwohl narrative Strukturen der Volkserzählung in ihnen durchaus Verwendung fänden. Mögen Ilias und Odyssee auch aus internationaler Erzähltradition schöpfen, so erzählen sie ihre Geschichten doch als Sage[152]. Eine dezidierte Aussage über tatsächliche Märchenquellen der Odyssee (oder von Teilen der Ilias) macht Hansen jedenfalls nicht.

Neben den homerischen Gedichten mit den soeben besprochenen Arbeiten hat der Roman des Apuleius, insbesondere die Erzählung von Amor und Psyche, die Beschäftigung mit dem antiken Märchen auch in neuerer Zeit wiederholt angeregt. War in der Forschung, zumindest was die Odyssee anbelangt, eine weitgehende Übereinstimmung über die Verwurzelung bedeutender Teile des

---

[147] Zu einem Teilaspekt dieses Beitrags cf. Hansen, W. F., Odysseus and the Oar: A Folkloric Approach, in: Edmunds, L. (ed.), Approaches to Greek Myth, Baltimore und London 1990, 241-272.

[148] Hansen 1997, 444 sq.

[149] Hansen 1997, 461. In diesem Punkt unterscheidet sich Hansens Konzeption deutlich vom deutschen „Märchen", für welches das Wunderbare ja eine bestimmende Bedeutung hat, weshalb „folktale" hier nicht (wie in den oben besprochenen Arbeiten) durch das zu enge „Märchen" wiedergegeben werden darf.

[150] Hansen 1997, 445 sq. Ähnlich bereits Radermacher 1943, 80-83 und -von folkloristischer Seite- z.B. Thompson 1951, 10; cf. Honko 1987.

[151] Hansen 1997, 459 sq.

[152] Hansen 1997, 460 sq.; cf. 457 sq.

Werkes im Märchen zu beobachten, die höchstens vorsichtig hinterfragt, doch nicht radikal in Frage gestellt worden ist, so liegt die Sache bei den Metamorphosen des Apuleius etwas anders. Doch auch hier geht die überwiegende Anzahl der Philologen (und Volkserzählforscher) nach wie vor davon aus, Apuleius habe, jedenfalls für seine Erzählung von Amor und Psyche, ein Volksmärchen direkt oder durch die Vermittlung einer literarischen Quelle als Vorlage benutzt[153].

Stellvertretend für vieles andere sei hier Wrights Aufsatz „Folk-Tale and Literary Technique in *Cupid and Psyche*" (1971) genannt, der auf den volkskundlichen Forschungen Swahns (1955) aufbaut. Wie dieser geht Wright davon aus, der Erzählung von Amor und Psyche liege eine Version eines international verbreiteten Märchens zugrunde; doch neben den von Wright ausführlich diskutierten Märchenmotiven seien bei Apuleius auch verschiedene literarische Vorbilder wirksam. Eine unmittelbare literarische Vorlage für die ganze Erzählung nimmt Wright jedoch nicht an, sondern rechnet damit, daß Apuleius ein ihm direkt bekanntes Volksmärchen adaptiert und mit Elementen der literarischen Tradition kombiniert habe[154].

Von strukturanalytischer Seite her nähert sich dagegen Mantero (1973) Apuleius' „Märchen" von Amor und Psyche: Aufgrund einer morphologischen Analyse, die sich auf die von Propp (1972) postulierten Funktionen stützt, kommt sie zu dem Ergebnis, Apuleius müsse für Amor und Psyche eine Märchenvorlage verwendet haben, da seine Gestaltung der Geschichte noch eine typische Märchenstruktur erkennen lasse.

Mit einer Märchenvorlage für Amor und Psyche rechnet auch Walsh: In seinem Buch über den römischen Roman (1970) erklärt er die Erzählung von Amor und Psyche ohne Umschweife als „adaptation of a traditional story"[155], in der Apuleius versucht habe, eine Synthese aus Volkserzählung und hellenistischer Liebesgeschichte und zugleich einen platonisierenden Isis-Mythos zu schaffen[156]. Auch in der Einleitung zu seiner Gesamtübersetzung von Apuleius'

---

[153] Verschiedene, auch ältere Arbeiten bei Binder/Merkelbach 1968. Dagegen geht Hoevels, F.E., Märchen und Magie in den Metamorphosen des Apuleius von Madaura, Amsterdam 1979 (Studies in Classical Antiquity 1) trotz des gewählten Titels in keiner Weise auf die Problematik einer etwaigen Märchenvorlage der Erzählung von Amor und Psyche, die doch den Schwerpunkt des Buches bildet, ein. Aus der (sehr unübersichtlichen) Arbeit wird aber deutlich, daß der Autor implizit mit einer Märchenvorlage rechnet.

[154] Wright 1971, 281 sq.

[155] Walsh 1970, 191.

[156] Cf. Walsh 1970, 197 und 223.

Metamorphosen (1994) bleibt Walsh bei dieser Ansicht und geißelt die weiter unten noch zu erörternde Position Fehlings (1977 und 1984; s.u. 2.1.4), der jede Märchenvorlage des Apuleius gänzlich in Abrede stellt und zugleich die Existenz der Gattung „Märchen" in der Antike grundsätzlich leugnet, als „perverse". Nach Walsh liege gerade Apuleius' besondere Leistung in der Umwandlung des Märchens von Amor und Psyche zum Kunstmärchen[157].

Auch Scobie (1983) erklärt, Apuleius' Erzählung von Amor und Psyche gehe letztlich auf ein „oral Märchen" zurück, das Apuleius aus mündlicher oder auch schriftlicher Quelle gekannt habe[158]. Zum Beweis der Existenz einer primären mündlichen Version dieser Geschichte stützt sich Scobie sowohl auf die zahlreichen bei Apuleius nachweisbaren Volkserzählmotive, wie sie etwa von Swahn (1955) und Wright (1971) untersucht worden sind, als auch auf die von Mantero (1973) durchgeführte Strukturanalyse[159]. Die Bemerkungen Scobies zu Amor und Psyche stehen im größeren Rahmen einiger Überlegungen zur Herkunft des griechischen Romans (30-40)[160], dessen Ursprünge er aufgrund der vielfach verwendeten, (scheinbar) in der Mündlichkeit wurzelnden Erzählperspektive und Struktur sowie des z.T. schlichten Erzählstils u.a. auch im „Ammenmärchen" ausmachen zu können glaubt. Bei seiner auch zahlreiche Märchenparallelen umfassenden Untersuchung verschiedener Eselsmenschen-Geschichten aus Folklore und Literatur (155-285) kommt Scobie allerdings zu dem Ergebnis, die Rahmenhandlung von Apuleius' Roman, die Geschichte des in einen Esel verwandelten Lucius, sei nicht als Märchen, sondern vielmehr als Sage zu klassifizieren[161].

Während die soeben angesprochenen Arbeiten eindeutig für eine Märchenvorlage der Erzählung von Amor und Psyche plädieren, mehren sich, zweifelsohne auch unter dem Eindruck der zur *communis opinio* völlig konträren Arbeiten Fehlings (s.u. 2.1.4), seit einiger Zeit Stellungnahmen, die von einer etwas differenzierteren Sichtweise dieser Frage zeugen, ohne die Existenz der Gattung „Märchen" in der Antike (und somit deren mögliche Einflüsse auf Apuleius) grundsätzlich in Frage zu stellen.

---

[157] So Walsh in seiner Metamorphosen-Übersetzung (1994), XL sq.; Zitat: XLI, Anm. 51.

[158] Scobie 1983, 39.

[159] Scobie 1983, 35 und 39.

[160] Eine frühere Version dieser Zeilen bildet Scobie 1979, 252-258.

[161] Scobie 1983, 162-168.

Eine solche mittlere Position vertritt etwa Kenney, der in der Einleitung zu seiner kommentierten Edition von Amor und Psyche (1990) ausdrücklich vor Übertreibungen in beide Richtungen warnt[162]. Ähnlich urteilt auch Schlam in seinem Metamorphosen-Buch (1992) und fordert, der Frage nach der Bedeutung von Amor und Psyche müsse der Vorrang vor der nach ihrem Ursprung eingeräumt werden [163].

In seiner Besprechung einiger neuerer Arbeiten zu Amor und Psyche (1993) geht Schlam sogar so weit zu erklären, weder motivische noch strukturelle Übereinstimmungen zwischen Apuleius und verschiedenen Volkserzählungen könnten letztlich beweisen, daß Amor und Psyche keine Neuschöpfung des Apuleius, sondern die Adaptation einer Volkserzählung sei[164]. Auch als „Mythos" (in Opposition zu „Volkserzählung"), wie etwa von Reitzenstein (1968 = 1912) vorgeschlagen, will Schlam die Erzählung von Amor und Psyche nicht verstanden wissen, da die Volkserzählung in der Antike noch eine Einheit mit dem Mythos gebildet habe[165]. Schließlich unterstreicht Schlam wiederum mit Nachdruck die Frage nach der Bedeutung von Apuleius' Erzählung, die über der Frage nach ihrer Genese nicht vergessen werden dürfe[166].

Wurden bisher vor allem Arbeiten besprochen, die von einem bestimmten Text ausgehen, so gilt es nun noch, den Beitrag der antiken Mythologie und Religionsgeschichte zum Thema kurz in den Blick zu nehmen. Wie zu erwarten steht das antike Märchen eher am Rande des Interesses dieser Disziplinen; dennoch wird es zuweilen gestreift, was hier nur anhand der Werke zweier bekannter Forscher kurz angedeutet werden soll.

In der Einleitung zu seiner „Geschichte der Griechischen Religion" (1955, zuerst 1941) bezieht Nilsson im Kapitel „Die Mythologie" (13-35) auch die Bedeutung des Märchens für den Mythos mit ein. Den Ursprung der Mythologie leitet er einerseits aus der Religion, andererseits vornehmlich aus Märchen und Geschichte her[167]. Auch wenn sich die Abhängigkeit der Märchen untereinander nicht durch die in ihnen benutzten Motive, sondern nur durch ihre Struktur („Kompositionen") erweisen lasse, so seien doch bestimmte,

---

[162] Cf. Kenney in seiner Amor und Psyche-Edition (1990), 17 sq.

[163] Schlam 1992, 88-90.

[164] Cf. Schlam 1993, 65 sq. und 69.

[165] Cf. Schlam 1993, 68: „Oral tales in antiquity were probably closer to what we call myths than to nineteenth century folktales." Cf. auch Griffiths 1996 (s.u.).

[166] Schlam 1993, 72.

[167] Cf. Nilsson 1955, 16.

besonders archaische Märchenmotive, die sehr zahlreich im Mythos Verwendung fänden, ein sicheres Anzeichen für die Verwurzelung des Mythos im (primitiven) Märchen[168]. Die folgende Besprechung solcher Motive läßt Nilsson zu dem Ergebnis gelangen, daß gerade ihre für den griechischen Geist typische Vermenschlichung und Rationalisierung die griechische Mythologie erst habe entstehen lassen[169].

Mit einem Zusammenhang zwischen Mythos und Märchen rechnet auch Kirk, der diesem Thema in seinem Buch „Griechische Mythen" (1980)[170] auch ein eigenes Kapitel widmet (29-36)[171]. Freilich rückt er hier nicht die Antike in den Mittelpunkt, sondern setzt sich zunächst mit seit Franz Boas in der Ethnologie vertretenen Theorien auseinander, die eine Differenzierung zwischen Mythos und Märchen generell in Frage stellen. Dagegen beharrt Kirk auf einer Gattungsdifferenzierung (anhand üblicher Kriterien wie handelndes Personal, Milieu, Ort und Zeit etc.), erkennt jedoch in Anlehnung an Ergebnisse der Ethnologie eine starke Wechselwirkung an, so daß Elemente des Märchens durchaus auch im Mythos vorkämen, wie er z.B. an der Bellerophontes-Geschichte zeigt[172].

Generell seien bestimmte Märchenmotive und Erzählmuster nicht auf Märchen beschränkt, sondern gehörten zum Geschichtenerzählen an sich. Im Märchen überwögen diese aber, während sie für den Mythos, der sich ihrer durchaus bedienen könne, nicht konstitutiv seien[173]. Im Fortgang der Untersuchung arbeitet Kirk immer wieder Märchenmotive heraus, die besonders im Heroenmythos eine wichtige Rolle spielen; trotzdem weist er mit überzeugenden Argumenten die Zugehörigkeit mit so zahlreichen Märchenzügen behafteter Heroen wie Perseus oder Herakles zum Mythos nach[174].

---

[168] Nilsson 1955, 18.

[169] Nilsson 1955, 35.

[170] Zuerst engl. unter dem Titel „The Nature of Greek Myths" (1974). Vorangegangen war Kirk 1970, wo sich der Autor ausführlich mit Levi-Strauss' Strukturalismus auseinandersetzt. Teile der beiden Werke zeigen deutliche Überschneidungen, Grundlage unserer Besprechung soll aber (gemäß Kirks eigener Einschätzung: Kirk 1980, 8) das später erschienene Buch bilden.

[171] Cf. Kirk 1970, 31-41. Die -im übrigen auch im deutschen Ausdruck oft mangelhafte und unpräzise- Übersetzung (Kirk 1980) gibt hier und fast durchgängig „folktale" mit „Volkserzählung" wieder, obwohl aus Kirks Auffassung dieses Begriffs (bes. 32-34) ziemlich deutlich hervorgeht, daß es sich durchaus um Märchen im engeren Sinn handelt.

[172] Kirk 1980, 34 sq.

[173] Kirk 1980, 35 sq; cf. Kirk 1970, 40 sq.

[174] Cf. Kirk 1980, 143 sq. und 202.

Mithin geht Kirk zwar wie selbstverständlich von der Existenz des Märchens auch schon in vorhistorischer Zeit aus. Er rückt aber deutlich davon ab, die „Vorgeschichte“ eines Mythos mit Hilfe von Märchenelementen erklären zu wollen, indem er Motive und Handlungstypen von ihrer oft propagierten exklusiven Herkunft aus dem Märchen löst und auf eine allgemeinere Ebene hebt. Damit verliert aber das Postulat der Existenz der Gattung „Märchen“ seit vorhistorischer Zeit (und folglich auch in der Antike) sein wichtigstes Argument, so daß der gesamte Themenkomplex auch von dieser Seite her erneut kritisch zu hinterfragen wäre.

Als Beispiel für die zeitgenössische populäre Rezeption des antiken „Märchens“ sei hier noch kurz auf Ackermanns Lesebuch „Märchen der Antike“ (1986, zuerst 1981) hingewiesen, das in vielerlei Hinsicht Hausrath/Marx (1922) und Aly (besonders 1928, s.o. 2.1.2) verpflichtetet ist: In der Einleitung (7-12) wiederholt Ackermann die schon hinlänglich dargestellten Klischees von der bereits antiken Existenz des Märchens, das aufgrund seiner Geringschätzung durch die Gebildeten zwar nicht direkt überliefert sei, jedoch aus der antiken Literatur teilweise wiedergewonnen werden könne. Darauf präsentiert er insgesamt 43 der antiken Literatur entnommene Erzählungen, deren Ursprung er im Märchen ausmachen zu können glaubt. Da Ackermann aber, anders als Hausrath/Marx (1922), auch noch in der sprachlichen Gestaltung versucht, „dem üblichen Märchenstil nahezukommen“ [175], kann beim interessierten Laien, für den das Buch ja offensichtlich bestimmt ist, der völlig falsche Eindruck entstehen, er habe es tatsächlich mit antiken Märchen zu tun.

Zusammenfassend mögen schließlich noch die Märchen-Artikel der einschlägigen Enzyklopädien neuerer Zeit kurz angesprochen werden[176]. In ihrer Argumentation folgen besonders Mensching (1979) und Kakridis (1965), aber z.T. auch Griffiths (1996) den von Aly (1928; s.o. Kapitel 2.1.2) vorgegebenen Pfaden: „Obwohl die Existenz und weite Verbreitung der M[ärchen] als sicher gelten“ dürfe, seien aufgrund mangelnden Interesses der Antike an der Volksliteratur keine vollständigen Märchen erhalten[177]. Ebensowenig sei in der Antike ein fester Terminus für die Gattung „Märchen“ feststellbar. Trotzdem bezeugten zahlreiche Testimonien und in Mythos und Literatur übernommene Märchenmotive das Vorhandensein der Gattung in der Antike.

---

[175] Ackermann 1986, 12. Hausrath/Marx 1922 bieten dagegen Übersetzungen, welche die literarische Herkunft der vorgelegten Geschichten nicht verleugnen.

[176] Kakridis 1965 (LAW), Mensching 1979 (Kl. Pauly), Griffiths 1996 (OCD).

[177] Zitat: Mensching 1979, 866; cf. Kakridis 1965, 1806.

Zusätzlich stellt Kakridis die vermeintliche Kontinuität mündlicher Erzählstoffe von der Antike bis in die neugriechische Volksliteratur heraus. Der von ihm beigezogene Weiber-Iambos des Semonides, zu dem es in Griechenland heute noch Märchenparallelen gebe, scheint als Beweis mündlicher Kontinuität jedoch besonders ungeeignet; denn nicht zuletzt seine Überlieferung im 4. Buch der auch in byzantinischer Zeit vielbenutzten Anthologie des Johannes Stobaios läßt die Möglichkeit einer gelehrten Wiederbelebung dieser Geschichte (eher Mythen-Parodie als Märchen!) nicht gerade unwahrscheinlich erscheinen[178]. Der Gefahr allzu weitreichender Schlüsse aus den Motiven sind sich aber alle drei hier angesprochenen Philologen bewußt; besonders vorsichtig formuliert Griffiths, der auf die Schwierigkeit der in der Antike zwischen Mythos und Märchen nicht vorgenommenen Gattungsabgrenzung, die ausschließlich literarische Überlieferung des als Zeuge für Mündlichkeit in der Antike herangezogenen Materials und die radikalen Ergebnisse und Thesen Fehlings (1977, s.u. Kapitel 2.1.4) hinweist.

### 2.1.4 Abweichende Ansätze

Entschieden gegen die in der Altertumswissenschaft so häufig geübte Praxis der Annahme einer verlorenen Vorlage für einen erhaltenen Text wendet sich Fehling in seiner Abhandlung „Amor und Psyche“ (1977)[179]. Im ersten Hauptteil („Apuleius“:11-28) sucht er die Genese der Erzählung zunächst ohne Berücksichtigung von Märchenmaterial zu erklären. Eine wichtige Rolle spielen dabei die seit dem frühen Hellenismus auftretenden Darstellungen von Eros und Psyche und dazu passende Epigramme. Durch Umdeutung dieser Personifikationen in mythologische Figuren habe sich die Frage nach ihrer Geschichte gestellt, die Apuleius in gut hellenistischer Manier als zentrale Einlage in seinen Roman unter Verwendung verschiedener mythologischer

---

[178] Die direkte Wiederaunahme literarisch überlieferter antiker Stoffe durch die neuzeitliche Volkserzählung läßt sich häufiger beobachten, wie die Beispiele Erysichthon (Fehling 1972) und Meleager (Brednich 1998, 549; s.o. ) lehren.

[179] In ähnliche Richtung zielt bereits Fehlings Herodot-Buch (1971), in dem er u.a. den Nachweis führt, Herodot habe seine Quellenangaben bewußt fingiert. Auch Fehling 1972, wo neugriechische Märchenerzählung überzeugend auf die antike literarische Erysichthon-Tradition (und nicht, wie sonst üblich, auf eine gemeinsame Märchenquelle) zurückgeführt wird, fügt sich in diesen Kontext.

Motive (Fehling denkt vor allem an Herakles, Io und Andromeda) geschaffen habe. Die Annahme einer mündlichen oder literarischen Vorlage sei somit ohne zwingende Notwendigkeit und deshalb von der Hand zu weisen.

Im zweiten, vor allem rezeptionsgeschichtlich ausgerichteten Hauptteil der Untersuchung („Die Märchen": 29-78) geht Fehling auf die von folkloristischer Seite bereits durch Swahn (1955) aufgearbeiteten Märchenparallelen ein. Grundsätzlich kritisiert er die mangelnde Berücksichtigung der Chronologie des gesammelten Materials durch die in der Märchenforschung lange Zeit vorherrschende Finnische Schule, die Apuleius' Erzählung und neuzeitliche Geschichten im Prinzip auf eine Stufe stellt[180]. Fehling selbst berücksichtigt in seiner Untersuchung bewußt nur Märchenparallelen, die vor 1830 aufgezeichnet wurden[181].

Die These vom alten Märchen, welches einerseits Apuleius benutzt habe und andererseits unabhängig hiervon durch mündliche Tradition bis in die Neuzeit gelangt sei, wiederlegt Fehling m.E. schlüssig durch den Hinweis auf in der Antike nur bei Apuleius vorkommende Motive, die zwar im Mittelalter, dem der Roman des Apuleius fast gänzlich unbekannt war[182], völlig fehlen, aber in den Märchenparallelen der Neuzeit, als das Werk weithin rezipiert wurde, plötzlich wieder auftauchen, wodurch direkte Einwirkung des Apuleius erkennbar werde. Den hier in Frage stehenden Märchentyp AaTh 425 kann Fehling somit primär als Produkt rein literarischer Rezeption der Amor und Psyche-Erzählung erklären; daneben hätten auf seine Entstehung noch die Apuleius-Nacherzählung des Fulgentius und verschiedene mittelalterliche Tierbräutigam-Geschichten gewirkt.

In einem ersten Anhang (79-88) sucht Fehling Formeln wie „Es war einmal" als nicht allein für das Märchen charakteristisch zu erweisen. Im zweiten Anhang (89-97) spricht er dann noch kurz das Verhältnis der Erzählungen von Polyphem und vom Meisterdieb zu ihren neuzeitlichen Parallelen an. Wie bereits bei Amor und Psyche zeigt er auch deren Abhängigkeit von den antiken Fassungen, die durch byzantinische Vermittlung auf den vielgelesenen Dolopathos des Johannes von Salisbury gewirkt hätten.

---

[180] Cf. Röhrichs Kritik am ebenso ahistorischen Umgang des Strukturalismus mit Mythos und Märchen: Röhrich 1993, 297 sq.

[181] Fehling 1977, 36.

[182] Cf. Brunhölzl, F., s.v. „Apuleius im Mittelalter", in: LMA 1 (1980) 818 sq.

Seine Ergebnisse verallgemeinert Fehling zu folgender These: „Übereinstimmungen zwischen antiker Literatur und modernen Märchen beruhen immer auf Einwirkung jener auf diese; in den modernen Märchen steckt keine alte mündliche Überlieferung."[183] Dies führt zu einer generellen Infragestellung der Möglichkeiten mündlicher Überlieferung, die Fehling in weiten Teilen als „romantisches Märchen" zurückweist[184]. „Erst die Schrift ermöglicht echtes Horten geistiger Tradition", so seine Überzeugung[185]. Sogar die Möglichkeit, „daß überhaupt erst das gebildete, literarische Interesse der Romantik am Märchen die mündlichen Märchen der Zeit produziert hat statt umgekehrt"[186], wird in Anlehnung an Wesselski (1931, s.u. Kapitel 2.2.2) zur Diskussion gestellt.

Die Ergebnisse Fehlings sind in weiten Teilen logisch konsequent und nachvollziehbar, auch wenn er im Negieren mündlicher Überlieferung an sich vielleicht etwas zu weit geht. Doch als allgemeiner Beweis der Nichtexistenz der Gattung „Märchen" in der Antike sind sie nicht geeignet (und primär wohl auch nicht gedacht): Fehling macht zwar plausibel, daß die Erzählung von Amor und Psyche keine anonyme Märchenvorlage hat, sondern als originäre Schöpfung des Apuleius anzusehen ist (mögen ihn nun tatsächlich der häufige Darstellungstyp oder vielleicht doch -wie etwa Reitzenstein (1968 = 1912) will- ein orientalischer Mythos oder noch ein anderes Vorbild (s.u. 4.3.4) bzw. Einflüsse ganz verschiedener Herkunft angeregt haben). Ebenso führt Fehling deutlich die Abhängigkeit vermeintlicher „Märchenparallelen" von antiker Literatur vor Augen, ohne daß die Annahme gemeinsamer mündlicher Vorlagen notwendig wäre. Über die von ihm behandelten Fälle hinaus können seine Ergebnisse jedoch keine unbedingte Gültigkeit beanspruchen, da sie zwar notwendige, aber nicht hinreichende Bedingung gegen die Existenz des Märchens in der Antike sind[187]. Grundsätzlich weist Fehlings These aber in die richtige Richtung.

---

[183] Fehling 1977, 99. Der Anspruch auf exemplarische Bedeutung der Untersuchung klingt ja bereits im Untertitel: „...eine Kritik der romantischen Märchentheorie" an.

[184] Fehling 1977, 100.

[185] Fehling 1977, 103.

[186] Fehling 1977, 35.

[187] Dies übersieht auch Harrauer, wenn sie eine umfangreichere „Arbeit, die andere wichtige Märchentypen berücksichtigt", zur Verbreiterung der Beweisbasis fordert: Harrauer, Chr., Rez. D. Fehling, Amor und Psyche, in: WS 13 (1979) 239 sq., hier: 240. Zu einigen Einwänden gegen Fehling von seiten der Volkserzählforschung cf. Kapitel 2.2.1 (Swahn 1984 und Holbek 1987).

Eine Zusammenfassung seiner Ansichten zum Thema bietet Fehling schließlich in dem Aufsatz mit dem programmatischen Titel „Die alten Literaturen als Quelle der neuzeitlichen Märchen“ (1984). Der fast nie hinterfragten These, „daß es die Märchen schon immer gegeben haben müsse“ und sie mündlich weitergegeben worden seien, setzt er die Beobachtung entgegen, daß echte Märchen eigentlich erst seit den Werken Straparolas (1550 und 1553) und besonders Basiles (1634/36) wirklich greifbar sind[188].

Aufgrund einiger Überlegungen zur Erzählung von Amor und Psyche (83-87), die sich weithin an die Ergebnisse seiner oben besprochenen Arbeit anlehnen, kommt er zu dem Schluß, „daß ... die Märchen im Altertum noch nicht vorhanden waren und als Quelle der Literatur zur Verfügung standen, und daß sie nicht mündlich durch das Mittelalter hindurch an die Neuzeit gelangten“; vielmehr sei die Gattung, allerdings unter reicher Einwirkung antiker Literatur (besonders des Apuleius), erst bei den Märchenautoren der frühen Neuzeit entstanden, von denen dann die zahlreichen mündlichen Märchen abhängig seien[189].

Mithin erklärt Fehling das Märchen als zunächst rein literarisches, dann auch mündliches Rezeptionsphänomen der antiken Literatur, freilich in zweifacher Weise: einerseits direkt, indem frühneuzeitliche Märchenautoren antike Stoffe und Motive verarbeiteten, andererseits indirekt über die Vermittlung durch mittelalterliche Erzählungen[190]. Hauptquelle sei naturgemäß in beiden Fällen der antike Mythos gewesen, der „bei den Griechen unter anderem die Rolle unserer Märchen gespielt“ habe, daneben noch Historiographie, Komödie und Roman[191]. Obwohl Fehling seine Ergebnisse weitgehend anhand der Erzählung von Amor und Psyche gewinnt, betont er doch wiederholt ihre allgemeine Geltung, da es sich um ein Werk handele, das besonders viele der wichtigsten Märchenmotive enthält, also gleichsam um ein Schlüsselwerk für die Genese der Gattung[192].

Trotzdem können die oben zu Fehling (1977) geäußerten Bedenken bestehen bleiben: Der Beweis in einem noch so gewichtigen Einzelfall läßt eine Verallgemeinerung zwar durchaus plausibel, jedoch nicht zwingend erscheinen.

---

[188] Fehling 1984, 80-83, Zitat: 80; cf. Lüthi 1996, 47.

[189] Fehling 1984, 83 und 87.

[190] Fehling 1984, 89 sq.

[191] Fehling 1984, 88 sq.

[192] Fehling 1984, 83 sq.

Fehlings Einschätzung der ältesten (frühneuzeitlichen) Märchen als Produkt rein literarischer Rezeption und damit verbunden seine radikale Kritik an den Möglichkeiten mündlicher Tradition (letzteres wesentlich schärfer in Fehling 1977) berücksichtigt zwar, daß die Märchen durch literarische Vermittlung „vieles an einzelnen Gedanken und Motiven, das aus der ältesten Überlieferung der Menschheit stammt", verarbeiten[193]; man bedenke aber, daß sie in schöner Einfachheit gerade auch typische Handlungsstrukturen abbilden, die den ihnen vorangehenden literarischen Werken oft nur in sehr verhüllter Form zugrundeliegen[194].

Somit müßte man den frühneuzeitlichen Märchenautoren entweder einen sehr hohen Grad an Willen und Fähigkeit zur Abstraktion und eine starke Bewußtheit des Rezeptionsvorganges zutrauen -Motive besitzen einfach größere Bildhaftigkeit und Suggestionskraft und sind dadurch leichter rezipierbar als abstrakte Strukturen- oder doch mit einer weiteren, nicht-literarischen Dimension rechnen: der polygenetischen Wirkung von allgemeinen Gesetzen des Geschichtenerzählens aufgrund anthropologischer Konstanten[195] bzw. Realitäten[196] (mag in der Beurteilung solcher Sachverhalte auch große Vorsicht angezeigt sein). Demnach wäre das Märchen zwar immer noch eine rein neuzeitliche Gattung, zumindest in struktureller Hinsicht jedoch nicht nur Produkt ausschließlich literarischer Rezeption.

In eine ähnliche Richtung wie die eben besprochenen Arbeiten Fehlings weist Burkerts Untersuchung „Vom Nachtigallenmythos zum 'Machandelboom'" (1984), in der er das Märchen „Von dem Machandelboom"[197] in Beziehung zur antiken Tradition setzt. Die Spuren dieses Märchens bzw. des das Handlungsgerüst zusammenfassenden Liedes des Vogels führen unzweifelhaft hinter seine erste Aufzeichnung (1806) zurück, so daß seine zeitweise mündliche Existenz als gesichert gelten darf[198].

---

[193] Fehling 1984, 92.

[194] Cf. Hölschers Überlegungen zur Struktur der Odyssee (s.o. 2.1.3).

[195] Cf. Kirk 1980, 35 und 245 sq.

[196] Cf. Patzers Kritik an Hölscher 1990: Patzer/Hölscher 1990, 496.

[197] KHM 47; Typ AaTh 720: „My Mother Slew Me; My Father Ate Me. The Juniper Tree."

[198] Burkert 1984, 113. - So hält z.B. von der Leyen 1958, 166 „das Märchen vom Machandelboom ... für den Nachklang einer germanischen Heldensage, wenn auch manches keltisch beeinflußt sein mag."

Trotzdem stellt Burkert „das Dogma von der seit je vorhandenen und unbeeinflußbaren Volkserzählung" in Frage[199], indem er zeigt, daß drei der vier Motiveme, in die er die Märchenhandlung zerlegt, genau mit der bei Serv. ad Verg., Ecl. 6,78 überlieferten Version des Nachtigallenmythos übereinstimmen. Diesen wiederum -wie es oft geschieht- von einem alten Märchen abzuleiten, lehnt Burkert nachdrücklich ab, da es sich „um einen griechischen Mythos im vollen Sinn" (mit kultischem Bezug etc.) handele[200]. Das im Märchen vorhandene, aber bei Servius fehlende Motivem (die Rolle der Schwester des Getöteten) erklärt er als Relikt archaischer Bestattungssitten.

Die aus der Vergil-Erklärung der Lateinschule geläufige mythologische Reminiszenz sei nun mit der volkstümlichen Tradition des Vogel-Heischezuges (mit entsprechendem Heischelied) kombiniert worden, was zu einer Art Parodie, dem Lied des Vogels, und somit auch zum Märchen geführt habe. Mithin handele es sich hierbei um „einen Zwitter aus Schultradition und Volksbrauch"[201]. Den psychologisch-anthropologischen Hintergrund der Erzählung bilden nach Burkert schließlich die Urängste vor dem Gefressenwerden und dem Verlust der Eltern[202].

Festzuhalten bleibt, daß wiederum ein vermeintlich uraltes Märchen in seiner Handlungsstruktur als Produkt frühneuzeitlicher Antikenrezeption glaubhaft nachgewiesen worden ist. Mag Burkert aus diesem besonderen Fall, der in seiner fast lehrbuchhaften Exemplarität wohl kaum oft wiederholbar ist, auch keine so weitreichenden Folgerungen ziehen wie Fehling, so begreift er doch Volkserzählung als lebendigen Prozeß und Konglomerat verschiedenster Einflüsse[203], was deutlich von der traditionellen Annahme uralter Märchen, die schon auf antike Literatur gewirkt hätten und noch heute bei manchen Völkern lebendig seien, wegführt.

[199] Burkert 1984, 116.

[200] Burkert 1984, 117.

[201] Burkert 1984, 124.

[202] Burkert 1984, 125.

[203] Burkert 1984, 124 sq.

## 2.2 Volkserzählforschung und antikes „Märchen"

Die Brüder Grimm hatten bereits in den Anmerkungen zu ihren Kinder- und Hausmärchen (Bd.1 zuerst 1812) gelegentlich auf antike Parallelen hingewiesen, freilich eher beiläufig und in wenig systematischer Form. Erst mit Wilhelm Grimms bereits oben (2.1.1) besprochener Polyphem-Abhandlung von 1857 wandte sich das Interesse der allgemeinen Märchenforschung auch der antiken Literatur zu. Dabei wurde das antike „Märchen" jedoch im allgemeinen nicht für sich und um seiner selbst willen behandelt, sondern meist als Vorläufer bzw. besonders alter Zeuge der Gattung in die Untersuchung bestimmter Märchentypen oder neuzeitlicher Märchen und ihrer Entwicklung mit einbezogen[204]. In der neueren Forschung trat die eng mit dem antiken „Märchen" verbundene Frage nach Entstehung und Alter der Gattung zugunsten der nach der Sinndeutung etwas in den Hintergrund, ohne jedoch zu einer grundlegenden Neubewertung des antiken Materials zu führen.

Um den gesetzten Rahmen nicht zu sprengen, kann hier allerdings nicht versucht werden, die Ergebnisse der Forschung in gleicher Ausführlichkeit nachzuzeichnen und zu besprechen, wie dies bei der von altphilologischer Seite kommenden (und zum Thema im allgemeinen ergiebigeren) Literatur erfolgt ist. Vielmehr soll zunächst am Beispiel einiger Handbücher und Überblickswerke der allgemeinen Märchenforschung versucht werden, einen Eindruck von der *communis opinio* und somit vom Umgang dieser Disziplin mit der literarischen Hinterlassenschaft der Antike zu gewinnen (2.2.1). Sodann sollen abweichende Ansätze noch kurz vorgestellt werden (2.2.2).

### 2.2.1 Die *communis opinio*

Grundlage der folgenden knappen Skizze der *communis opinio* der Volkserzählforschung zum antiken „Märchen" sind die einschlägigen Passagen in BP 4 (1930, 108-126; cf. 41-47), Kahlo (1930/33); Mackensen (1930/33), Thompson (1951, 272 sq. und 278-282), von der Leyen (1953, 158-180), von der Leyen (1958, 126-132), Meraklis (1992, 22-25) und Lüthi (1996, 41-43).

[204] Als Beispiele sei hier nur Swahns „Cupid and Psyche" (1955) genannt.

Im großen und ganzen ergibt sich aus diesen Arbeiten ein recht einheitliches Bild, das weitgehend auch mit den Ergebnissen der altphilologischen Forschung zum Thema übereinstimmt und bis heute Bestand hat:

In der Regel geht man davon aus, die mündliche Erzählgattung „Märchen“ habe bereits in der Antike existiert, jedoch wegen ihrer literarischen Ansprüchen nicht genügenden Form keinen Platz in der Literatur gefunden und sei uns so nur indirekt greifbar: durch einzelne in die Literatur gedrungene Märchenmotive und die gelegentliche Erwähnung von γραῶν μῦθοι bzw. *fabellae aniles* durch literarische Quellen. Hier werden in den genannten Handbüchern meist etliche solcher aus der antiken Literatur exzerpierter „Märchenmotive“ aufgezählt, wohingegen die antiken Testimonien für das (vermeintliche) Märchenerzählen nicht näher behandelt werden. Lediglich Bolte (BP 4, 1930) bietet eine kommentierende Zusammenstellung von bei 34 antiken Autoren exzerpierten Testimonien[205], die weiter unten (Kapitel 4) einer genaueren Überprüfung unterzogen werden sollen.

Übereinstimmungen zwischen antiker Literatur und neuzeitlichen Märchen werden nur in seltenen Fällen als Rezeptionsphänomen erklärt, die Deutung als unabhängig voneinander entstandene Zeugen einer gemeinsamen alten Märchenvorlage überwiegt bei weitem. Dem liegt deutlich die Einschätzung zugrunde, die Gattung „Märchen“ habe bereits seit vorliterarischer Zeit existiert. Weitgehend unumstritten wird dies jedenfalls für Griechenland vorausgesetzt[206], während im Falle Roms größere Vorbehalte bestehen: Hier habe besonders der Einfluß griechischer Sklavinnen auf die ihnen anvertrauten römischen Kinder zur nachhaltigen Etablierung des Märchens beigetragen. Als Paradebeispiel eines antiken Märchens wird gerne Apuleius’ Erzählung von Amor und Psyche vorgestellt, die -eventuell über die Vermittlung durch eine griechische Vorlage- direkt aus dem Volksmärchen hervorgegangen sei. Von der Leyen (1953 und 1958) glaubt hier Elemente indischer oder ägyptischer Herkunft ausmachen zu können und konstatiert, Apuleius oder seine Vorlage

---

205 BP 4 (1930) 41-47. Das ganze, von Bolte verfaßte Kapitel „Zeugnisse zur Geschichte der Märchen“ (41-94) zuerst separat: Greifswald 1921 (FFC 39). Bolte hatte im übrigen auch Klassische Philologie studiert und in klassischer Archäologie promoviert, cf. Lixfeld, H., s.v. Bolte, Johannes, in: EM 2 (1979) 603-605.

206 Cf. Meraklis 1992, 22: „Das Märchen und sein Vortrag war schon eine Wirklichkeit im antiken Griechenland.“

habe zwei Volksmärchen kontaminiert: das Traummärchen vom verlorenen Geliebten und das Märchen von den neidischen Schwestern[207].

Wegen seines Eingehens auf Fehling (1977, s.o. 2.1.4) sei noch das durch Umfang wie Gelehrsamkeit bemerkenswerte Werk „Interpretation of Fairy Tales“ des dänischen Folkloristen Holbek (1987) genannt, obwohl er sich hauptsächlich mit der Bedeutung und nur ganz am Rande mit Entstehung und Alter des Märchens beschäftigt. Hier sollen nur zwei Aspekte herausgegriffen werden, die unmittelbar mit der in Frage stehenden Thematik des antiken „Märchens“ zusammenhängen: die Kritik an Fehling (1977) und die das Werk abschließenden Spekulationen zum Alter des Märchens[208].

Neben einigen allgemeinen, nur knapp angerissenen Vorbehalten gegen Fehlings Interpretation der mit der Geschichte von Amor und Psyche verbundenen Fragen zieht Holbek jede weiterreichende Interaktion zwischen Literatur und mündlicher Erzähltradition nachdrücklich in Zweifel, so daß die von Fehling angenommene Entstehung des Märchens als Phänomen literarischer Rezeption ausgeschlossen sei. Zum Vergleich führt er die Fabel an, wo ebenfalls eine strikte Trennung zwischen literarischer und oraler Tradition bestehe. Auch das von Fehling verwendete *argumentum e silentio*, wonach das Fehlen unzweifelhafter Märchen jedenfalls vor 1200, das auch Holbek anerkennt, auf eine tatsächliche Nichtexistenz der Gattung in Antike und frühem Mittelalter hinweise, sofern nicht das Gegenteil beweisbar sei, will Holbek nicht gelten lassen. Ihm hier zu folgen fällt allerdings besonders schwer; denn die Beweislast liegt ja evident auf seiten dessen, der die Existenz einer verloren scheinenden Gattung postuliert.

Nachvollziehbar sind dagegen Holbeks Vorbehalte gegen die von Fehling behauptete überragende Bedeutung gerade des Amor- und Psyche-Stoffes, der für das Märchen sogar gattungskonstituierend geworden sei. Aufgrund dieser und anderer Überlegungen geht Holbek wie selbstverständlich von der Existenz des Märchens bereits in der Antike aus, die Entstehung der Gattung setzt er in den mittleren Osten und datiert sie ca. 6-8 Jahrtausende zurück. Das Märchen habe sich von dort ausgehend auch nach Europa ausgebreitet und sei bis in das 19. Jahrhundert hinein bei den unterprivilegierten, illiteraten Bevölkerungsschichten lebendig geblieben, gleichsam als „voice of the prole-

[207] Von der Leyen 1958, 131 sq.; cf. von der Leyen 1953, 160.

[208] Holbek 1987, 250-257 und 601-607.

tariat“ von den höheren Schichten ständig unterdrückt und angefeindet[209]. Den stark spekulativen Charakter dieser Thesen unterstreicht Holbek aber selbst ausdrücklich.

Deutlich vorsichtiger formuliert Swahn (1984) in seiner Stellungnahme zu Fehling (1977 und 1984), der sich gegen die Annahme einer Märchenvorlage der Erzählung von Amor und Psyche und ihre Einordnung unter den Märchentyp AaTh 425 durch Swahn (1955) gewendet hatte. Swahn ist nunmehr bereit, „die wesentliche Rolle des Mittelalters bei der Ausformung unserer späteren westlichen Volksmärchentradition“, d.h. der mittelalterlichen Erzählliteratur anzuerkennen[210], beharrt jedoch weiterhin auf der Märchenvorlage des Apuleius (und damit auf der Existenz des Märchens in der Antike).

Gegen Fehlings Auffassung führt Swahn u.a. weitere ethnologische Parallelen ins Feld, kritisiert seine mangelnde Bereitschaft, nach 1830 gesammeltes Material in die Untersuchung miteinzubeziehen, und verweist, ähnlich wie Holbek, auf das „Form- oder Qualitätskriterium“, mithin die strikte Trennung zwischen Literatur und mündlicher Erzähltradition[211]. Während diese und andere Einwände angreifbar erscheinen, ist doch die auch von Holbek gestellte Frage durchaus berechtigt, warum gerade Apuleius’ Erzählung von Amor und Psyche so große Bedeutung für das Märchen gewonnen habe, während der weithin bekannte Ovid in dieser Gattung kaum Spuren hinterlassen hat.

### 2.2.2 Abweichende Ansätze

Eine von der soeben kurz vorgestellten Position radikal abweichende Haltung nimmt Wesselski in seinem mehr literarhistorisch orientierten Buch „Versuch einer Theorie des Märchens“ (1931) ein. Auch hier steht das antike Märchen naturgemäß am Rande, wird jedoch immer wieder in die Argumentation miteinbezogen. Nach Wesselski ist Mythos und Märchen die Verwendung von die Naturgesetze ignorierenden „Wundermotiven“ gemeinsam; nur im Mythos

---

[209] Holbek 1987, 605; cf. 181.

[210] Swahn 1984, 95. Entschiedener formuliert Röhrich 1987, 219: „Die volkstümlichen Erzählgattungen bilden sich in dieser Zeit (sc. dem Spätmittelalter) erst allmählich heraus: die Sage, das Märchen, der Schwank, und sie entwickeln sich aus der Literatur: aus der Legende, aus dem Exempel, aus dem Maere, aus der Fazetie.“

[211] Cf. Swahn 1984, 96-99.

werden diese allerdings subjektiv für wahr (oder zumindest für möglich) gehalten. Primitive Kulturen, welche die Naturgesetze noch nicht als solche erkannt haben, können das Märchen demnach noch nicht kennen. Die Existenz von Wundermotiven ist somit nicht an das Märchen gebunden, sondern sie wurzeln bereits im Mythos, weshalb der Terminus „Märchenmotive" irreführend ist.

Auch die antike Literatur enthält zahlreiche solcher Märchen- bzw. Wundermotive, die Wesselski kurz skizziert[212]. Da er ihnen aber die Beweiskraft für die Existenz des Märchens abspricht und auch -freilich ohne jede nähere Untersuchung oder Diskussion- die gelegentlich erwähnten γραῶν μῦθοι nicht als Märchen gelten lassen will, kommt er zu dem Schluß, das Märchen sei in der Antike noch nicht vorhanden gewesen. Märchenhaftes sei hier durchwegs dem Mythos, der Sage oder der „Gemeinschaftsgeschichte" zuzurechnen[213].

Diese Auffassung fügt sich gut in die allgemeine Zielrichtung des Buches, in dem Wesselski -in Auseinandersetzung mit der geographisch-historischen Methode der Finnischen Schule- das Märchen als eine erst im Spätmittelalter oder der frühen Neuzeit unter orientalischem Einfluß entstandene europäische Gattung erweisen will. Ihre oft postulierte lange Zeit rein mündliche Existenz stellt er ebenso deutlich in Frage wie ihr Alter und betont im Gegensatz fast zur gesamten vorangegangenen Forschung die Bedeutung des geschriebenen Wortes für ihre Weitergabe[214].

Wesselskis das bisherige Bild des Märchens revolutionierende Thesen wurden zunächst kaum wahrgenommen, geschweige denn ausdrücklich rezipiert.[215] Am deutlichsten bezieht sich wohl der Altphilologe Fehling in seiner oben (2.1.4) besprochenen Arbeit über Amor und Psyche (1977) auf ihn. Erst in jüngerer Zeit mehren sich von seiten der literarhistorisch orientierten Germanistik und auch der Volkserzählforschung Stimmen, welche die Bedeutung literarischer

---

[212] Cf. Wesselski 1931, 54-56.

[213] Wesselski 1931, 57. Unter den für die Gemeinschaftsgeschichte charakteristischen Gemeinschaftsmotiven versteht Wesselski (1931, 12) Motive, „die sich aus den Umständen des Gemeinschaftslebens entwickelt haben".

[214] Cf. Wesselski 1931, 196 sq.

[215] Zumindest für die Volkserzählforschung galt Wesselskis Arbeit seit W. Andersons Erwiderung: Zu Albert Wesselskis Angriffen auf die finnische folkloristische Forschungsmethode, Tartu 1935, weitgehend als erledigt; cf. Swahn 1984, 98.

Quellen für die Gattung „Märchen“ betonen und ihre genuin mündliche Existenz zunehmend in Frage stellen[216].

Die weitreichendsten Schlüsse dürfte hierbei Grätz (1988) ziehen, der sich in seiner Untersuchung jedoch auf das deutsche Märchen des 18. Jahrhunderts beschränkt. Auf der Grundlage einer umfänglichen Quellenuntersuchung kommt er zu dem Schluß[217], das deutsche Märchen sei erst im letzten Viertel des 18. Jahrhunderts durch französischen und orientalischen Einfluß entstanden, während sich eine im Volk lebendige mündliche Tradition uralter Märchen nirgends nachweisen lasse. Ältere Berichte über das „Märleinerzählen“ meinten immer Sagen oder ähnliche Geschichten mit einem gewissen Anspruch, geglaubt zu werden[218]; echte Märchen seien darunter jedenfalls nicht zu verstehen. Somit zeigt Grätz, wie eine gleichbleibende Gattungsbezeichnung auch inhaltliche Kontinuität vortäuschen kann, die in Wirklichkeit nicht vorhanden ist.

Seine Ergebnisse verallgemeinert Grätz zu der These, das Märchen sei „keineswegs eine zeitlose Gattung..., die aufgrund irgendeiner menschlichen psychischen Konstante ‘schon immer’ existiert“ habe[219], sondern erscheine „sofort als ein ausgesprochenes Salonprodukt auf der literarischen Bühne...“[220] Dies schließt allerdings die Verwendung alter Erzählmotive in den Märchen

---

[216] Cf. Fink, G.-L., Naissance et apogée du conte merveilleux en Allemagne 1740-1800, Paris 1966 (Annales littéraires de l’université de Besançon 80) und Fink 1978, bes. 537 und 545; Röhrich 1987 und die Beiträge in Röhrich, L. und E. Lindig (edd.), Volksdichtung zwischen Mündlichkeit und Schriftlichkeit, Tübingen 1989 (ScriptOralia 9), darin bes. Röhrich, L., Volkspoesie ohne Volk. Wie „mündlich“ sind sogenannte „Volkserzählungen“? (49-65). Moser, D.-R., Die Homerische Frage und das Problem der mündlichen Überlieferung aus volkskundlicher Sicht, in: Fabula 20 (1979) 116-136 bezieht sich sogar explizit auf Fehling 1977 (s.o. 2.1.4) und stimmt dessen Thesen weitgehend zu (bes. 135). Einen kritischen Überblick über verschiedene Alters- und Entstehungstheorien des Märchens von den Brüdern Grimm bis zur Gegenwart gibt Wehse 1990, und Röhrich 1990, 67 konstatiert: „Eine ausschließlich mündliche Überlieferung über zwei Jahrtausende ist in der Regel auszuschließen.“ Auf die starke, romantisierende Überarbeitung der bisher als weitgehend authentisch geltenden Sammlung schwedischer Volksmärchen des Gunnar Olof Hyltén-Cavallius aus den 1840er Jahren weist etwa Swahn 1990, 47 mit den Worten hin, „...der ganze mittelalterliche Anstrich der Märchenausgabe...“ sei „...das Werk des Herausgebers...“ Cf. auch Mazenauer/Perrig 1995, passim und das unten in Kapitel 3 über die Entstehung der KHM und die Erforschung der realen Lebensbedingungen der Volkserzählung Gesagte.

[217] Cf. Grätz 1988, 265-272.

[218] Man denke etwa an Martin Luthers bekanntes Weihnachtslied „Vom Himmel hoch, da komm’ ich her, ich bring’ euch gute, neue Mär...“, wo die Weihnachtsbotschaft ja gerade nicht als „Märchen“ erscheinen soll.

[219] Grätz 1988, 272.

[220] Grätz 1988, 266.

nicht aus. Grätzens weitreichende Folgerungen sind freilich -wie zu erwarten- noch weit davon entfernt, allgemein anerkannt zu werden[221].

Gleichwohl weisen auch die Ergebnisse von Clausen-Stolzenburg (1995) in dieselbe Richtung. Während Grätz (1988) sich allerdings weitgehend auf das Deutschland des 18. Jahrhunderts konzentriert hatte, bezieht sie Teile der mittelalterlichen und frühneuzeitlichen Literatur in ihre Überlegungen mit ein. Aufgrund einer Untersuchung des Bedeutungsgehaltes der Termini „Märe“ etc. bzw. mittelhochdeutsch „mære“ und „mærlîn“ (1995, 3-40) kommt sie zu dem Ergebnis, daß diese Begriffe entgegen der allgemeinen Auffassung durchaus nicht auf das Vorkommen märchenartiger Texte in Mittelalter und früher Neuzeit hindeuten, sondern vielmehr unabhängig von einer bestimmten Gattungsfestlegung mehr oder minder jede Art von Erzählung oder Bericht bedeuten konnten. Eine Bedeutungsverengung auf den Märchenbegriff des 19. Jahrhunderts hin sei allenfalls seit dem 18. Jahrhundert feststellbar[222]. Somit treffen sich Clausen-Stolzenburg und Grätz in Methode und Ergebnis, nur daß jene den von diesem eingeschlagenen Weg der inhaltlichen Bestimmung des Begriffs „Märchen“ bis ins Mittelalter zurückverfolgt hat.

Nach einer allgemeinen Darstellung und Kritik der Grimmschen Märchenauffassung (1995, 40-87) untersucht Clausen-Stolzenburg verschiedene besonders erfolgreiche Texte auf ihre mögliche Bedeutung für die Entstehung der Gattung „Märchen“. Sie kommt dabei zu dem Schluß, die gleichsam gattungskonstituierenden KHM seien nicht Zeugen einer uralten mündlichen Erzähltradition, sondern „mehr und mehr ausgefeilte Endprodukte einer Literaturtradition, die die Merkmale, die dann später als märchentypisch galten, bereitstellte.“[223] Diese überwiegend höfisch geprägte Literaturtradition sei -neben Bibel und Heiligenlegende- ganz besonders durch den mittelalterlichen Versroman bestimmt, der über verschiedene Zwischenstufen wie Prosaparaphrase und Volksbuch, italienische Renaissancenovelle und französischen „Conte des Fées“ auf motivischer wie struktureller Ebene entscheidende Bedeutung für die Entstehung des Märchens im Grimmschen Sinn besessen habe[224].

---

[221] Cf. Lüthi 1996, 51: „...in den Thesen radikalen Abstreitens mdl. Traditionen fragwürdig“.

[222] Cf. Clausen-Stolzenburg 1995, 87-89.

[223] Clausen-Stolzenburg 1995, 405 sq.

[224] Zur Illustration, wie konträr Clausen-Stolzenburgs Thesen zumindest zur *communis opinio* der Volkserzählforschung stehen, cf. z.B. Karlinger 1988, 17, der erklärt, gerade im Volksbuch des ausgehenden Mittelalters und der frühen Neuzeit seien „neben Erinnerungen an einzelne Märchenzüge sogar ganze Märchen breit auserzählt.“

Schließlich wurden auch von romanistischer Seite Zweifel an der Existenz genuiner Volksmärchen laut: In ihrer Untersuchung der Märchensammlung des französischen Folkloristen Jean-François Bladé (1827-1900) kommt Steinbauer (1988) zu dem Ergebnis, Bladé habe seine Sammlung (vermeintlicher) Volksmärchen der Gaskogne in weiten Teilen stark manipuliert, z.T. sogar gefälscht. Da Steinbauer glaubt, diesen Befund auf die Entstehung ähnlicher Märchensammlungen des 19. Jahrhunderts ausdehnen zu können, verallgemeinert sie ihre Ergebnisse zu der Schlußfolgerung, „das 'echte' Volksmärchen" sei „als unerfüllter und unerfüllbarer Wunschtraum des 19. Jahrhunderts zu b-etrachten"[225].

## 2.3 Zusammenfassung und Ausblick

### 2.3.1 Der Standpunkt der Altertumswissenschaft

Die altertumswissenschaftliche Beschäftigung mit dem antiken Märchen wurde, entgegen anfänglicher Vorbehalte (vor allem Welker 1857, cf. 2.1.1), direkt durch die Brüder Grimm angeregt. Dies hatte zur Folge, daß die von ihnen vertretene romantische Märchentheorie auch in der Altertumswissenschaft weitgehend ungeprüft übernommen wurde und bis heute weiterwirkt. Diese Theorie geht vom Märchen als uralter, bis in vorliterarische Zeit zurückreichender Gattung mündlich tradierter Prosaerzählung aus, die im Volksmund bis in die Neuzeit lebendig geblieben sei (2.1.1).

Nach den Brüdern Grimm empfing das Interesse der Altertumswissenschaft am Märchen, ebenso wie die gesamte Märchenforschung, durch die geographisch-historische Methode der Finnischen Schule einen starken neuen Impuls, so daß die Zahl wissenschaftlicher Untersuchungen zum antiken Märchen bzw. zu märchenhaften Elementen der antiken Literatur in den ersten Jahrzehnten des 20. Jahrhunderts deutlich anwuchs (2.1.2).

Nach 1945 verengte sich die Fragestellung weitgehend auf die Bedeutung des Märchens als Substrat bestimmter literarischer Werke, insbesondere der Odyssee und der Erzählung von Amor und Psyche, während weiter ausgreifende

---

[225] Steinbauer 1988, 238.

Untersuchungen, vielleicht auch wegen des zunehmenden Interesses am Mythos, fast ganz in den Hintergrund traten.

Die Existenz der Gattung „Märchen“ bereits in der Antike wurde von der *communis opinio* gleichwohl nie ernsthaft hinterfragt, seit fast 150 Jahren wird hier dasselbe Beweisschema zugrunde gelegt: Da in der antiken Literatur des öfteren γραῶν μῦθοι bzw. *fabellae aniles* u.ä. erwähnt werden, andererseits auch Motive und Handlungsstrukturen Verwendung finden, die so oder ähnlich im neuzeitlichen Märchen ebenfalls vorkommen, schließt man auf das Vorhandensein von Märchen im modernen Sinn bereits in der Antike. Doch auch Philologen, die mit einer möglichen Gattungsvarianz bestimmter Motive (oder Strukturen) rechnen (Bethe 1922; Radermacher 1943; Hansen 1997) bzw. ihre Beweiskraft als Argument für die Existenz des Märchens generell in Zweifel ziehen (Kirk 1980; Patzer in Patzer/Hölscher 1990), halten trotzdem an der Vorstellung eines antiken „Märchens“ fest (2.1.3).

Dezidierter Widerspruch regte sich in der Altertumswissenschaft allein von seiten Fehlings (besonders 1977), der -ausgehend von einer allgemeinen Kritik an der besonders in der Klassischen Philologie gerne geübten Praxis der Annahme verlorener Vorlagen erhaltener Literatur- nachdrücklich die Frage nach der Beweisbarkeit mündlicher Überlieferung stellte. Als Beispiel wählte er die häufig als Paradeexemplar eines in die Literatur übernommenen antiken Märchens hingestellte Erzählung von Amor und Psyche. Da er einerseits ihre Entstehung ausschließlich aus erhaltenen literarischen Quellen erklären, andererseits auch wichtige Elemente europäischer Märchen der früheren Neuzeit direkt oder indirekt auf Apuleius zurückführen konnte, kommt Fehling zu dem Schluß, bei der Gattung „Märchen“ handele es sich um ein neuzeitliches Rezeptionsphänomen antiker Literatur, während den Platz des neuzeitlichen Märchens in der Antike u.a. der Mythos eingenommen habe. In eine ähnliche Richtung weist auch Burkert (1984), freilich ohne Fehlings Absolutheitsanspruch. Eine weitergehende Diskussion der zur *communis opinio* doch sehr kontroversen Thesen Fehlings hat, jedenfalls in der Altertumswissenschaft, bisher kaum stattgefunden, fast möchte man meinen, sie würden bewußt ignoriert (2.1.4).

### 2.3.2 Der Standpunkt der Volkserzählforschung

Die germanistische und volkskundliche Märchenforschung hatte bereits seit den Brüdern Grimm begonnen, antikes Material in ihre Überlegungen miteinzubeziehen, und war in Methode und Ergebnissen auf dem Weg vorangegangen, auf welchem die von ihr zur Beschäftigung mit dem antiken „Märchen" erst angeregte Altertumswissenschaft ihr dann prinzipiell folgte. Die Existenz des Märchens bereits in der Antike wurde durch die vom Geist der Romantik beeinflußte *communis opinio* der Märchenforschung nie ernsthaft bezweifelt, als Beweis gab man sich mit den nicht seltenen Märchenmotiven in der antiken Literatur und mit verschiedenen Testimonien für (vermeintliches) Märchenerzählen in der Antike zufrieden. Nur eine gewisse Märchenfeindlichkeit der Gebildeten habe die schriftliche Aufzeichnung und Überlieferung authentischer Volksmärchen verhindert.

Trotz diesen dezidierten Thesen wurde die Stichhaltigkeit der einzelnen Argumente kaum je unvoreingenommen überprüft, das antike „Märchen" stand vielmehr immer eher am Rande des Interesses der Volkserzählforschung. Lediglich im Rahmen verschiedener Entstehungstheorien bzw. zum Altersbeweis der Gattung wurden seine (vermeintlichen) Reste herangezogen. Außerdem wurden und werden für märchenhaft gehaltene Passagen aus der antiken Literatur in Motiv- und Typenuntersuchungen miteinbezogen und neuzeitlichen Parallelen zur Seite gestellt, als ob es sich um synchrone Phänomene handelte. Die Möglichkeit literarischer Abhängigkeit wird dagegen nur sehr selten in Erwägung gezogen (2.2.1).

Gegen diese Thesen erhob sich, zunächst allerdings nur ganz vereinzelt, Widerspruch seitens der germanistisch orientierten Literaturwissenschaft: Wesselski (1931) stellte die Möglichkeiten mündlicher Überlieferung nachhaltig zur Diskussion, er betonte dagegen die Wichtigkeit literarischer Bezüge und die Autorengebundenheit der Gattung „Märchen", die er für ein Produkt der frühen Neuzeit hält. Die Beweiskraft der im allgemeinen als Beleg für die Existenz des Märchens schon in der Antike gewerteten „Märchenmotive" in der antiken Literatur bestreitet er vehement, da es sich um Mythos und Märchen gemeinsame „Wundermotive" handele. Auch die Testimonien für antikes „Märchenerzählen" hält Wesselski für nicht sonderlich signifikant, freilich ohne diesen Sachverhalt näher zu überprüfen.

Längere Zeit wurde Wesselskis Ansatz kaum rezipiert, erst in den letzten Jahrzehnten mehren sich (neben Fehling 1977) vor allem germanistische Arbeiten, deren Resultate in eine ähnliche Richtung weisen, auch wenn sie nicht bis in die Antike zurückgreifen: Verschiedene Quellenuntersuchungen zu Begriff und Inhalt des „Märchenerzählens", zur Genese der KHM und der Grimmschen Märchenkonzeption sowie zu möglichen literarischen Vorlagen der Gattung kommen, mögen auch die Auffassungen über den genauen Zeitpunkt und die besonderen Umstände der Genese des Märchens divergieren, einhellig zu dem Ergebnis, das Märchen sei ein jedenfalls erst in der Neuzeit entstandenes Phänomen. Gleichwohl hat sich dieser Ansatz in der Forschung (noch) nicht allgemein durchgesetzt und kann nach wie vor als Mindermeinung bezeichnet werden (2.2.2).

### 2.3.3 Ausblick: Die Notwendigkeit eines Neuansatzes

Die Situation der Forschung zum Märchen in der Antike zeigt mithin eine gewisse Erstarrung. Dies gilt gleichermaßen für den Beitrag der Altertumswissenschaft wie für den der Volkserzählforschung, sofern diese die Antike in ihre Überlegungen mit einbezieht: Die *communis opinio* basiert im Grunde nach wie vor auf einer über 150 Jahre alten, nie ernsthaft hinterfragten Märchentheorie, wie sie etwa von den Brüdern Grimm im Geist der Romantik vertreten worden ist. Die Gegenmeinung liefert entweder keinen umfassenden Beweis für die von ihr vertretene Position, so daß sie sich auf Einzelfallentscheidungen berufen muß, oder läßt das antike Material gänzlich unberücksichtigt. Da aber seit einiger Zeit, besonders durch Fehling und Arbeiten von germanistischer Seite, Bewegung in die Frage der Genese der Gattung „Märchen" gekommen und ihre vorneuzeitliche Existenz wiederholt in Zweifel gezogen worden ist, soll im weiteren Verlauf der Arbeit das Vorhandensein des Märchens in der Antike unvoreingenommen überprüft werden.

Dabei kann allerdings das bloße Aufsuchen, Vergleichen und Interpretieren von „Märchenmotiven" oder „Märchenstrukturen" in der antiken Literatur nicht weiterführen, da die Deutung dieser Motive und Strukturen als originär märchentypisch den Glauben an die Existenz des Märchens bereits *a priori* voraussetzt. Auch die Untersuchung der Rezeptionsgeschichte der antiken

Literatur durch das neuzeitliche Märchen liefert kein allgemeingültiges Argument für oder gegen das antike „Märchen“, sondern führt immer nur zu Ergebnissen im jeweils untersuchten Einzelfall bzw. zu einem *argumentum e silentio*. Ähnlich unbefriedigend ist die unhinterfragte Übertragung der von den neueren Philologieen erarbeiteten Evidenz gegen die vorneuzeitliche Existenz des Märchens auf die Antike, da so lediglich ein Analogieschluß zu erreichen wäre, der zwar Möglichkeiten oder sogar Wahrscheinlichkeiten exemplarisch vor Augen führen, in der Sache selbst aber nichts beweisen kann.

Daher kann die Frage nach der Existenz der Gattung „Märchen“ in der Antike allein im direkten Rekurs auf die antike Literatur durch eine neue Interpretation der von der *communis opinio* oft ohne genauere Untersuchung als Testimonien für antikes „Märchenerzählen“ gewerteten Belege geklärt werden. Gleichzeitig muß geprüft werden, wo das antike „Märchen“ nach Ausweis der Quellen in der antiken Gesellschaft seinen sozialen Ort hätte haben können. Konkret: Was wurde in der Antike bei den von der Volkserzählforschung gewöhnlich für das Märchen reklamierten Erzählgelegenheiten tatsächlich erzählt?

## 3. Der soziale Ort des Märchens: der neuzeitliche Befund

Um einen Raster der möglichen Erzählgelegenheiten des Märchens zu erhalten, in den dann auch das antike Material eingeordnet werden kann, ist es notwendig, zunächst den sozialen Ort des Märchens im allgemeinen anhand des für die Volkserzählforschung grundlegenden und ohnehin besser dokumentierten neuzeitlichen Märchengutes mit einigen knappen Bemerkungen zu umreißen. Dazu soll zunächst die Entwicklung dieser in der Volkserzählforschung erst verhältnismäßig spät aufgetretenen Fragestellung skizziert und ihre Konsequenzen für die Interpretation des antiken Materials kurz angesprochen werden (3.1). Sodann wird auf der Grundlage der Ergebnisse der kontextorientierten Volkserzählforschung der soziale Ort des Märchens, soweit durch wissenschaftliche Dokumentation noch verifizierbar, summarisch dargestellt (3.2).

### 3.1 Märchenbiologie und antikes „Märchen“

Die systematische Untersuchung des sozialen Ortes des Märchens, seines gesellschaftlichen Kontextes, seiner Erzählgelegenheiten, Erzähler und Hörer wurde von der Volkserzählforschung lange Zeit vernachlässigt. Das Interesse der Brüder Grimm und etlicher Generationen von Märchenforschern nach ihnen galt vielmehr fast ausschließlich den Märchentexten, in denen sie Überreste des „Mythischen“, „eines in die älteste Zeit hinauf reichenden Glaubens“ vermuteten, die kleinen, kaum sichtbaren „Stückchen eines zersprungenen Edelsteins ... auf dem von Gras und Blumen überwachsenen Boden“ glichen[1]. Kontext und Erzähler blieben dagegen weitgehend unbeachtet und somit auch außerhalb wissenschaftlicher Dokumentation.

Die Ursache dieser Beschränkung dürfte in erster Linie im Geist der Romantik zu suchen sein, für die das Märchen als echte „Natur-“ bzw. „Volkspoesie“ sowohl Ursprung als auch Überlieferung dem kollektiven „Volksgeist“ (Herder) verdankt[2], so daß der einzelne Erzähler zu einem beliebigen Über-

---

[1] KHM 3 (1856) 409 [421].

[2] Pöge-Alder 1994, 35-40; cf. Bausinger 1980, 14 sq. und 20; Burke 1981, 17 sq. und Lemmer 1985, 10 sq.

lieferungsträger und die Performanz zu einer an sich bedeutungslosen Gelegenheit zur Textsammlung degradiert werden, die hinter dem „Volk" als eigentlichem Urheber zurücktreten[3].

Diese romantische Volksmärchenkonzeption konnte auf umso fruchtbareren Boden fallen, als die Arbeit der Brüder Grimm am 1. Band der KHM gänzlich in die Zeit der französischen Besatzung Deutschlands fiel. So kann die Beschäftigung mit dem „Volksmärchen" ebenso wie die mit „altdeutscher" Literatur auch als ein Mittel nationaler Selbstvergewisserung bzw. Identitätsstiftung verstanden werden[4], was die oft quasi synonyme Verwendung der Begriffe „Volkspoesie", „Naturpoesie" und „Nationalpoesie" durch die Brüder Grimm noch unterstreicht[5]. Der reale soziale Kontext des einzelnen Märchens tritt dagegen zwangsläufig in den Hintergrund. Doch auch die im Europa des 19. Jahrhunderts noch weithin gültigen Standesgrenzen, welche „keine engen Kontakte zwischen intellektuellem Bürgertum und körperlich arbeitenden Landleuten" erlaubten[6], dürften ihren Teil zur Vernachlässigung der Lebensbedingungen dieser postulierten „Volkspoesie" beigetragen haben.

Tatsächlich zogen auch die Brüder Grimm zu keiner Zeit beim einfachen Volk Märchen sammelnd von Dorf zu Dorf, noch besaßen sie irgendwelche nennenswerten Erinnerungen an Märchenerzählungen aus ihrer Jugend[7]; vielmehr kamen ihnen ganz im Gegensatz zu dem von ihnen erhobenen Anspruch „die mündlich vermittelten Märchenerzählungen in der Regel über eloquente junge

[3] Cf. Burke 1981, 34 sq. Eine vergleichbare Gewichtung ist etwa in von Arnims und Brentanos „Des Knaben Wunderhorn" zu beobachten, an dessen 2. und 3. Band die Brüder Grimm seit 1806 mitarbeiteten und das zum wichtigen Vorbild für die KHM wurde: Rölleke 1985 a, 29 sq., cf. 74 und Rölleke 1975, 75. Auch das „kollektive" Auftreten der „Brüder Grimm" in den KHM (und den Deutschen Sagen) weist bereits in diese Richtung: Bausinger 1980, 20 sq.

[4] Mazenauer/Perrig 1995, 17 sq.; cf. Burke 1981, 25 und Lemmer 1985, 19.

[5] Bausinger 1980, 22.

[6] Schenda 1993, 247. Zum Problem der bis gegen 1800 sich immer noch verstärkenden Trennung der Stände voneinander cf. im allgemeinen Burke 1981, 284-295. Daß auch die Romantik diese Schranken nicht wirklich überwand, zeigt etwa auch die von Tieck und Wackenroder zu Pfingsten 1793 unternommene Reise durch die Fränkische Schweiz: Bei aller Schwärmerei für die Landschaft, Kultur und Geschichte ist in den Reiseberichten doch nirgendwo „von einer eventuellen Entdeckung des Volkes und seiner Literatur" die Rede. Obwohl beide Freunde sogar mit den Idealen der französischen Revolution sympathisierten, gehören ihre Gewährsleute durchwegs allein dem Bürgertum an: Fink 1978, 534 sq.

[7] Cf. Rölleke 1993, 1279-1281.

Damen aus dem städtischen Bildungsbürgertum", häufig mit hugenottischen Wurzeln, oder aus dem ländlichen Kleinadel zu[8].

Dagegen spiegeln sich die nur vagen, aufgrund idealer Annahmen konstruierten Vorstellungen der Brüder Grimm vom eigentlichen, gleichsam idealen sozialen Ort der von ihnen gesammelten Geschichten etwa in Jacob Grimms „Aufforderung an die gesammten (sic!) Freunde deutscher Poesie und Geschichte erlassen" (1811) wider[9], in der er dazu aufruft, jede Art von Volksliteratur im allgemeinen und „ganz besonders die Märchen der Ammen und Kinder, die Abendgespräche und Spinnstubengeschichten" zu sammeln und „höchstgetreu, buchstabentreu" aufzuzeichnen. Ganz in diesem Sinn werden in der Vorrede zum ersten Band der KHM (1812) „die Plätze am Ofen, der Küchenheerd (sic!), Bodentreppen, Feiertage noch gefeiert, Triften und Wälder in ihrer Stille, vor allem die ungetrübte Phantasie" als Rückzugsgebiet und Lebensraum des Märchens angesprochen[10], wie auch allein schon der Titel „Kinder- und Hausmärchen" bestimmte in diese Richtung gehende Assoziationen weckt[11].

Trotzdem konnte sich -nicht zuletzt aufgrund von Aussagen wie der oben zitierten und aufgrund mangelnder oder verschwommener Quellenangaben in der Grimmschen ebenso wie in späteren Sammlungen- das Klischee von den „Spinnstuben ... Kohlenmeilern im tiefsten Wald und ... dämmrigen Küchenwinkel(n) alter Frauen" als wahrer Herkunftsort der KHM und somit der Gattung „Märchen" insgesamt im Bewußtsein breiter Kreise etablieren und auch die Märchenforschung z.T. bis in jüngste Zeit hinein nachhaltig beeinflussen[12].

---

[8] Zitat: Rölleke 1983, 160; cf. Rölleke 1985 a, 70sq. und 81. Exemplarisch seien hier nur die Schwestern Hassenpflug und Wild aus Kassel oder die Familien von Haxthausen und von Droste-Hülshoff aus Westfalen genannt: Cf. das alphabetische Verzeichnis der Beiträger zu den KHM im Anhang (1980) zu KHM 3 (1856) 559-574.

[9] Wiederabgedruckt bei Rölleke 1985 a, 63-69; Zitate: 65; cf. BP 4 (1930) 424.

[10] KHM 1 (1812) VI.

[11] So heißt es in der Einleitung zur 2. Auflage des ersten Bandes der KHM von 1819 (zitiert nach Grimm 1881, 333): „Kindermärchen werden erzählt, damit in ihrem reinen und milden Lichte die ersten Gedanken und Kräfte des Herzens aufwachen und wachsen; weil aber einen jeden ihre einfache Poesie erfreuen und ihre Wahrheit belehren kann, und weil sie beim Haus bleiben und forterben, werden sie auch Hausmärchen genannt." Daß die Brüder Grimm ihrer Sammlung nicht den Titel „Volksmärchen" o.ä. gaben, mag auch mit von ihnen kritisch beurteilten Vorgängern wie Johann Karl August Musäus' „Volksmärchen der Deutschen" (1782/86) oder Benedikte Nauberts „Neue Volksmärchen der Deutschen" (1789/92) zusammenhängen: cf. Rölleke 1985a, 19 sq.

[12] Rölleke 1983, 168. Wie zählebig die alten Klischees doch sind, zeigt etwa Lemmer 1985, 23, der nach wie vor als Gewährsleute der Grimmschen Märchensammlung „vor allem ältere

In die gleiche Richtung wirkte auch die Begeisterung der Brüder Grimm für die noch nicht sechzigjährige Katharina Dorothea Viehmann aus Niederzwehren bei Kassel, die besonders zum zweiten Band der KHM (1815) über 40 Nummern beisteuerte: Obwohl Schneidersfrau und Wirtstochter hugenottischer Abstammung, die gut französisch sprach, wurde sie in der Vorrede zum zweiten Band der KHM (1815) als alte, vermeintlich „ächt hessische" Bäuerin[13] gleichsam „zum Idealtyp einer Grimmschen Märchenfrau stilisiert", und in späteren Auflagen dieses Bandes erschien sogar ihr Porträt nach einer Radierung von Ludwig Emil Grimm, eines jüngeren Bruders der Märchensammler, in der Titelei[14], wodurch sowohl in der wissenschaftlichen wie in der populären Rezeption der KHM das Bild des typischen Beiträgerkreises nachhaltig geprägt wurde[15].

Hinzu kommt noch, daß die Brüder Grimm auf Anraten Brentanos bei ihrer Sammeltätigkeit von Anfang an auch literarische Quellen von der Antike[16] über das Mittelalter bis auf ihre eigene Zeit exzerpierten, um so an vermeintliche Märchen zu gelangen, die der jeweilige Autor aus mündlicher Überlieferung gekannt und verarbeitet habe. Neben bloßen Vermutungen oder auch konkreten Hinweisen im Text, die auf mündliche Herkunft bestimmter Passagen schließen ließen, galten ihnen insbesondere auch mythologische Remi-

---

Frauen vom Lande" angibt. Dementsprechend bedauert Ackermann in der Einleitung zu seinen „Märchen der Antike" (1986, 8), daß es zu spät sei, „wie die Gebrüder (sic!) Grimm beim einfachen Volke des alten Hellas und des alten Rom herumzuhören und die Märchen zu sammeln, die sich das einfache Volk erzählte." Zu weiteren Beispielen für die Perpetuierung längst überholter Thesen der Grimm-Philologie auch in der Germanistik cf. Rölleke, H., Die „Kinder- und Hausmärchen" der Brüder Grimm. Einige neuere Forschungen und Erkenntnisse, in: Uther 1990, 92-101; hier: 92-95.

[13] KHM 2 (1815) IV-V; in den späteren Auflagen in die Vorrede zum ersten Band übernommen: cf. KHM 1 (1857) 19 sq.

[14] Bequem zugänglich im Nachdruck (1980) von KHM 2 (1857) 10.

[15] Rölleke 1985 a, 82 sq.; cf. Rölleke 1993, 1282 sq. Ähnlich verhält es sich mit der sog. „Alten Marie", die nach einer vagen Erinnerung Herman (sic!) Grimms, des erst 1828, fast 16 Jahre nach Erscheinen des 1. KHM-Bandes, geborenen Sohnes Wilhelms, direkt und indirekt wichtige Beiträge zu den KHM geliefert hat. Diese von der Forschung jahrzehntelang kritiklos hingenommene Behauptung (cf. BP 4 (1930) 432 sq. und noch Lemmer 1985, 23) wurde schließlich als auf einer Verwechslung basierender Irrtum erkannt: Rölleke 1975; cf. Rölleke, H., s.v. „Alte Marie", in: EM 1 (1977) 380-382. Die seit den Brüdern Grimm allenthalben zu beobachtende Tendenz, gerade alte Leute als typische Gewährsleute des Märchens anzunehmen, resultiert zweifellos auch aus der These, das Märchen sei eine besonders altererbte Gattung. Bereits die Antike kannte ja die Vorstellung vom Greis als Tradenten besonders alter Traditionen, wie z.B. der alte Nestor in der Ilias zeigt.

[16] Cobet, J., s.v. Herodot, in EM 6 (1990) 851-857, hier: 855 nennt unter Berufung auf den Grimm-Nachlaß in der Staatsbibliothek Preußischer Kulturbesitz in Berlin neben Herodot auch Livius unter den von den Brüdern Grimm wohl noch vor 1810 exzerpierten Autoren.

niszenzen und das Auftreten handelnder Tiere als Indizien dafür, daß sie es mit einem literarisierten Volksmärchen zu tun hätten[17].

Nach der 2. Auflage der KHM (1819) wurde die Ergänzung der Sammlung durch die Übernahme neuer Stücke aus literarischen Quellen fast vollends zur Regel, während Märchen aus mündlicher Tradition nur noch ziemlich selten neu aufgenommen wurden[18]. Waren auch schon die Märchen der 1. Auflage (1812) einer z.T. recht weitgehenden, vereinheitlichenden Überarbeitung, die bis zur Kontamination einzelner Stücke reichen konnte, ausgesetzt gewesen, so verstärkte sich nun die Tendenz zu der als Rekonstruktion der ursprünglichen Volksmärchenform verstandenen Umsetzung in Wilhelm Grimms typischen Märchenton besonders bei Stücken literarischer Herkunft noch weiter[19].

Gerade hier liegt die Gefahr eines Zirkelschlusses besonders nahe, dem auch spätere Märchensammler oft nicht ganz entgangen sind: Der Erweis der märchenhaften Herkunft eines Textes setzt die Existenz seines Stoffes als Märchen bereits voraus. Die zumindest für die ersten Generationen der Märchenforscher durchgängig gültige Situation faßt Schenda wie folgt zusammen: „Das 'Mündlich' der Sammler in der ersten Hälfte des 19. Jahrhunderts entpuppt sich bei näherem Zusehen als eine ahistorische Wunsch-Kategorie."[20]

Nach vereinzelten Anfängen begann die Volkserzählforschung, angeregt durch Anthropologie und Soziologie, erst in den 20er und 30er Jahren des 20. Jahrhunderts, sich speziell für den sozialen Ort, Kontext und die Lebensbedingungen der von ihr zu bearbeitenden Texte zu interessieren. In den folgenden Jahrzehnten entwickelte sich so ein eigener Forschungsschwerpunkt innerhalb der Narrativistik, dessen verschiedene Strömungen in Anlehnung an einen

---

[17] Rölleke 1985 a, 32 sq. und 48 sq.; cf. BP 4 (1930) 430 und 446.

[18] Von den in der Ausgabe letzter Hand der KHM (1857) vereinigten 211 Stücken lassen sich 63 direkt auf literarische Vorlagen zurückführen: Rölleke, H., Grimms Märchen und ihre Quellen. Die literarischen Vorlagen der Grimmschen Märchen synoptisch vorgestellt und kommentiert, Trier 1998 (Schriftenreihe Literaturwissenschaft 35).

[19] Cf. Rölleke 1985 a, 86-93 und passim.

[20] Schenda 1993, 250. Zum gesamten Problemkreis der Quellenangaben bzw. -fiktionen in der älteren Erzählforschung cf. Schenda 1993, 239-261. Ein besonders krasses Beispiel für die Verfälschung vermeintlicher „Volksmärchen" im 19. Jahrhundert bildet Bladés Sammlung gaskognischer Märchen: cf. Steinbauer 1988 (s.o. 2.2.2). Aber auch die Sammlung schwedischer Volksmärchen von Hyltén-Cavallius läßt eine starke, romantisierende Überarbeitung erkennnen: cf. Swahn 1990, 47.

zuerst von Olrik[21] verwendeten Terminus mit dem Oberbegriff „Märchenbiologie“ bzw. „Biologie des Erzählguts“ zusammengefaßt werden[22].

Für die zutreffende Beurteilung der gemeinhin als Zeugnisse der Existenz des Märchens bereits in der Antike gewerteten Testimonien wurden die sich aus diesem kontextbezogenen Ansatz ergebenden Fragestellungen bisher allerdings weder von der Volkserzählforschung noch von der Klassischen Philologie fruchtbar gemacht, obwohl auch letztere sich seit einiger Zeit daran gewöhnt hat, den gesellschaftlichen Rahmen bzw. die möglichen Erzählgelegenheiten etwa bei der Interpretation des Mythos, der Novelle oder des Romans auch außerhalb streng funktionalistischer oder ritualistischer Ansätze mitzuberücksichtigen[23]. Stattdessen interpretiert die neuere Forschung in der Frage des antiken Märchens, soweit sie seine bereits vorliterarische Existenz nicht unhinterfragt voraussetzt, die einschlägigen Testimonien weiterhin ohne auf Kontext und Erzählsituation zu achten (s.o. 2.1.3).

Wenn nun aber das Märchen in Antike und Neuzeit Repräsentanten ein und derselben Gattung mündlicher Volkserzählung und als solche auch vergleichbar sein sollen, so müßte auch der soziale Ort des antiken und neuzeitlichen Materials -soweit feststellbar- in etwa deckungsgleich sein. Bevor die Testimonien zum antiken Märchenerzählen einer den jeweiligen Kontext mitberücksichtigenden Untersuchung unterzogen werden sollen, muß somit die Frage lauten: Wo ist im allgemeinen der soziale Ort des Märchens in der Neuzeit anzunehmen?

## 3.2 Der soziale Ort des Märchens in der Neuzeit

Für die systematische Erforschung der Lebensbedingungen der Volkserzählung bzw. des Volksmärchens in Europa ist das in Osteuropa gesammelte Material von besonderer Bedeutung, da sich hier, jedenfalls bis 1945, Verhältnisse weitgehend erhalten haben, die in einer früheren Zeit mehr oder minder für

[21] Olrik 1909, 1.

[22] Cf. Dégh 1979 und Lüthi 1996, 83-104.

[23] Gleichsam eine Pionierrolle nimmt hier Trenkner ein, die in ihrem bereits auf die 1930er Jahre zurückgehenden Buch über die attische Novelle (1958) auch auf verschiedene konkrete Erzählgelegenheiten bezug nimmt (16-22). Daneben cf. z.B. Scobie 1979; Scobie 1983, 1-73 und Buxton 1994.

ganz Europa vorauszusetzen sind[24]. Doch auch für früher industrialisierte Gegenden liegen Untersuchungen vor[25], deren Ergebnisse den in Osteuropa gemachten Beobachtungen weitgehend entsprechen. So fand die hungaro-amerikanische Folkloristin Dégh ihre Klassifizierung der typischen Erzählgelegenheiten des Märchens[26], die sie aufgrund des bei den Szeklern in Siebenbürgen beobachteten Befundes entwickelt hatte, durch verschiedenes Material aus aller Welt bestätigt[27]. Auch das von Rakelmann (1990) beschriebene, bei osteuropäischen Zigeunern dokumentierte Erzählen fügt sich gut in diesen Rahmen ein.

Dégh unterscheidet drei Hauptkategorien typischer Erzählgelegenheiten, deren Gültigkeit sich zumindest auf die Zeit von 1850 bis 1945 erstreckt und in der Volkserzählforschung heute weitgehend anerkannt ist[28] - die Verhältnisse vor 1850 sind aufgrund mangelnder Dokumentation nicht recht greifbar: Erzählt wurde vor allem in „Gemeinschaften unter Angehörigen von Wanderberufen in ländlichen Gebieten", bei „Zusammenkünfte(n) innerhalb der Dorfgemeinschaft" und in „unfreiwilligen Gemeinschaften von kurzer Dauer"[29]. Hinzu kommt das Märchenerzählen für Kinder, welches Dégh vor allem in die zweite Kategorie mit einreiht, das hier aber wegen seiner seit den Brüdern Grimm zentralen Bedeutung für das volkstümliche Bild der Gattung „Märchen" gesondert genannt werden soll.

In die erste der genannten Kategorien fällt das Erzählen bei in der ländlichen Gesellschaft oft wenig privilegierten Gruppen wie wandernden Handwerkern, Soldaten, Schiffern und Fischern, Landstreichern, Hirten, Holzfällern und besonders auch Tagelöhnern oder Zigeunern[30]. Erzählt wurde hier gleichermaßen in Mußestunden und zur Überbrückung von Wartezeiten wie während jeder Art von gemeinschaftlicher Arbeit, die dies zuließ: in der Werkstatt bzw. beim Kunden ebenso wie beim Hüten der Herden, Hacken, Jäten und Kartof-

---

[24] Dégh 1962, 70 sq.; cf. Jech, J., Der gegenwärtige Weg des Märchens in der Tschechoslowakei, in: Uther 1990, 131-148, hier: 132-134.

[25] Z.B. Brinkmann 1933 und Marichal 1942; cf. Holbek 1987 und Neumann 1990.

[26] Cf. Dégh 1962, 71 sq.

[27] Dégh 1984, 334.

[28] Cf. Lüthi 1996, 88 sq.

[29] Dégh 1984, 334 sq; cf. Dégh 1962, 71 sq.

[30] Beispiele bei Dégh 1962, 72-81; Holbek 1987, 146-151 und Rakelmann 1990, 187 und 190; cf. BP 4 (1930) 5-10; Brinkmann 1933, 8 sq.; Marichal 1942, 10 sq.; Bîrlea 1973, 451 sq.; Karlinger 1988, 121 sq. und Neumann 1990, 102.

fellesen auf den Feldern oder generell jeder Art von Saisonarbeit wie der Tabakverarbeitung oder der Arbeit im Weinberg.

Innerhalb der Dorfgemeinschaft wurde das Geschichtenerzählen vor allem im Herbst und Winter, wenn die Arbeit auf den Feldern weitgehend ruht, gepflegt[31]. Geradezu sprichwörtlich sind die Spinnstuben oder die jütländischen Strickstuben geworden[32], doch auch bei anderen, für Frauen (damals) typischen häuslichen Gemeinschaftsarbeiten wie Federnschleißen, Maisschälen und -abkernen oder Hanfreiben bot sich vielfach die Gelegenheit zum Erzählen - nicht zuletzt, um die Arbeit leichter von der Hand gehen zu lassen[33]. Als reine Freizeitbeschäftigung erscheint dagegen das Geschichtenerzählen beim geselligen Beisammensein am Abend nach getaner Arbeit oder an Feiertagen[34]. Ähnliche Erzählgelegenheiten boten besondere festliche Anlässe wie Hochzeiten oder Tauffeiern[35]. Einen Sonderfall bilden hier die Totenwachen, die oft reichlich Gelegenheit zum Märchenerzählen gaben[36].

Schließlich bleiben noch die auf eine bestimmte Dauer beschränkten unfreiwilligen Erzählgemeinschaften: Neben dem Geschichtenerzählen zur Unterhaltung bei langen Fahrten zur Arbeitsstelle und auf Reisen stehen hier die Erzählungen in Krankenhäusern und Gefängnissen. Auch der Militärdienst in Krieg und Frieden oder die Kriegsgefangenschaft boten weithin Zeit und Gelegenheit, durch Geschichtenerzählen die Zeit zu verkürzen[37].

Galten die bisher aufgeführten Erzählanlässe vorwiegend einem erwachsenen Publikum, so darf der Platz nicht vergessen werden, den das (Märchen-) Erzählen in der Kindererziehung in Stadt und Land eingenommen hat und teilweise noch einnimmt. Hier lassen sich im großen und ganzen zwei Funktionen unterscheiden: Kindern werden Geschichten einerseits zur reinen Unterhaltung erzählt und andererseits in didaktischer Absicht, um sie in unterhaltsamer Form mit bestimmten Verhaltensmodellen oder Handlungsstrukturen zu

---

[31] Dégh 1962, 82; cf. Marichal 1942, 10.

[32] BP 4 (1930) 5; cf. Holbek 1987, 169 sq.

[33] Cf. Dégh 1962, 82 sq. mit weiteren Belegen.

[34] Dégh 1962, 82 und 104; cf. BP 4 (1930) 4; Brinkmann 1933, 8 sq. und Dégh 1984, 335 sq.

[35] Dégh 1962, 84 mit weiteren Belegen.

[36] Im einzelnen beschrieben bei Dégh 1962, 110-115; cf. Bîrlea 1973, 451; Karlinger 1988, 121 und Rakelmann 1990, 191; dagegen Schenda 1993, 125-130.

[37] Dégh 1962, 78 und 84 sq.; cf. Karlinger 1988, 120 sq. und Rakelmann 1990, 191.

konfrontieren, welche als Vorbilder oder als abschreckende Beispiele dienen sollen[38].

Während bei den oben angesprochenen Erzählgelegenheiten jedoch insbesondere Männer, aber auch Frauen[39] verschiedener Altersgruppen[40] als Erzähler auftreten konnten, sofern sie etwas Talent hierzu besaßen, kann das Märchenerzählen für Kinder tatsächlich als Domäne der Frauen, insbesondere der Mütter und Großmütter oder anderer, häufig älterer, mit der Kinderbetreuung betrauter weiblicher Verwandter oder Haushaltsangehöriger bezeichnet werden[41]. Auf das Wesen der gesamten Gattung „Märchen" läßt sich diese Beobachtung allerdings keinesfalls übertragen, so daß die weithin gleichsam zum Topos gewordene Vorstellung, Märchen würden von Anfang an ausschließlich von älteren Frauen für ein kindliches Publikum erzählt, als (romantisches bzw. biedermeierliches) Klischee zurückgewiesen werden muß[42].

Generell dürfen die genannten Erzählgelegenheiten des Märchens auch nicht darüber hinwegtäuschen, daß das Märchen nur eine unter vielen verschiedenen Gattungen der Volkserzählung ist, die beim Erzählen einander gewöhnlich in bunter Folge ablösten[43] bzw. im Bewußtsein ihrer Träger zunächst gar nicht genau unterschieden wurden[44]. Außerdem übten, zumindest in Mitteleuropa, bereits seit der frühen Neuzeit gedruckte Erzählstoffe großen Einfluß auf die

---

[38] Dies weiß bereits Strabon, wenn er in den Prolegomena zu seiner Geographie (1,2,8) zwischen Mythen, die zur Paränese, und solchen, die zur Abschreckung erzählt werden, unterscheidet: s.u. 4.2.6.

[39] Dégh 1962, 99 sq.

[40] Die Vorstellung, daß gute Erzähler besonders alt sein müßten, entlarvt Schenda 1993, 147-152 zumindest als „Teilfiktion" (155). Cf. das oben in 3.1 zu den Gewährsleuten der Brüder Grimm Gesagte.

[41] Cf. BP 4 (1930) 5 und Dégh 1962, 96 sq.

[42] Holbek 1987, 172 sq; cf. Marichal 1942, 11-13; Dégh 1962, 99 sq.; Rakelmann 1990, 190 und Bausinger 1997, 266 sq. Ein treffendes Beispiel für die Wirkung dieses Klischees dürfte von Hahn darstellen, der im Jahr 1848 einige Schüler des Gymnasiums von Ioannina explizit dazu auffordern ließ, „sich während ihrer Ferienzeit die Märchen ihrer Heimathsorte von ihren Müttern, Großmüttern und Schwestern in die Feder diktiren zu lassen", um anschließend „die stille Frauen- und Kinderwelt" als den eigentlichen Lebensraum des Märchens zu bezeichnen: von Hahn 1864, vol. 1, V und 9. Ganz ähnlich erklärt auch Schmidt „Frauen aus den unteren Volksschichten" zu den „bekanntlich" „hauptsächlichsten Inhaberinnen und Pflegerinnen der Märchenpoesie", obwohl er für seine neugriechischen Märchen ausschließlich Männer als Gewährsleute angibt: Schmidt 1978 (= 1877), 1 sq.

[43] Schenda 1993, 265 sq.; cf. 113 sq. So enthalten auch die KHM Erzählungen verschiedener Gattungen (s.o. 1.1). Ein deutliches Überwiegen von Schwänken und Schnurren gegenüber Sagen und Märchen im Repertoire der von ihm beobachteten Mecklenburgischen Erzähler konstatiert etwa Neumann 1990, 106.

[44] Cf. Burke 1981, 133.

volkstümliche Erzähltradition aus[45]. Reine Märchenerzählabende sind, wo sie auftreten, eher als spätes Produkt eines aus „Schulunterricht, Märchenlektüren ... sowie aus Kunst-Vorstellungen und Volks-Projektionen romantischer und spätromantischer Ethnographen“ gespeisten Folklorismus zu deuten[46]. Da die wissenschaftliche Dokumentation des sozialen Kontextes, dem eine Volkserzählung entstammt, jedoch erst in der 2. Hälfte des 19. Jahrhunderts allmählich einsetzt, bleiben grundsätzliche Bedenken gegen die Übertragbarkeit des oben skizzierten Befundes auf die Jahrzehnte und Jahrhunderte vor 1850 oder gar die Antike bestehen.

Doch auch wenn man diese Bedenken vernachlässigt, so zeigt sich trotzdem eine deutliche Divergenz zwischen dem nach 1850 wissenschaftlich dokumentierten Befund und den Annahmen der Brüder Grimm und ihrer Nachfolger zum sozialen Ort des Märchens. Im allgemeinen fällt auf, daß die Grimmschen Vorstellungen von der ursprünglichen Herkunft des von ihnen zusammengetragenen Materials, wie sie in 3.1 skizziert worden sind, allenfalls für die zweite und die vierte der hier geschilderten Kategorien zutreffen, während die mindestens ebenso wichtige erste Kategorie und ebenfalls die dritte Kategorie gänzlich aus ihrem Raster herausfallen.

Bevor versucht werden soll, diese Unstimmigkeiten zu erklären, ist nun zu prüfen, inwieweit das seit den Brüdern Grimm immer wieder als Stütze für Mündlichkeit, Anonymität und Alter des Volksmärchens bemühte antike Belegmaterial mit der bis heute vielfach wirksamen Märchenkonzeption der Brüder Grimm und ihrer Nachfolger oder mit dem seit 1850 tatsächlich beobachteten Befund Übereinstimmungen zeigt. Nicht zuletzt hiervon wird abhängen, ob das durch zahlreiche Testimonien bezeugte volkstümliche Erzählen in der Antike überhaupt als Märchenerzählen qualifiziert werden kann; denn nur im Falle einer wesentlichen Übereinstimmung mit den in der Neuzeit beobachteten und wissenschaftlich dokumentierten Kategorien erscheint eine Subsumption antiken Materials unter den neuzeitlichen Märchenbegriff legitim.

---

[45] Cf. allgemein Schenda 1993, 217-238: „Semiliterarische Prozesse“ und Röhrich 1990, 67 sq. Auf die große Bedeutung dieser „Booklore“ für das volkstümliche Erzählen weisen auch Bîrlea 1973, 456 sq. und Swahn 1990, 43-45 hin. Den Endzustand der fast völligen Literarisierung des Märchenerzählens zeigen etwa die in den 60er und 70er Jahren in Mecklenburg aufgenommenen Volkserzählungen, die den alles überragenden Einfluß der KHM deutlich vor Augen führen: Neumann 1990, 108-111; cf. 104.

[46] So Schenda 1993, 123. Cf. etwa die zeitgenössischen Volkserzählwettbewerbe in Polen: Simonides, D., Rezente Erscheinungsformen der Märchen in Polen, in: Uther 1990, 115-130, hier: 124-127.

## 4. Der soziale Ort des „Märchens" in der Antike

Nachdem sich gezeigt hat, daß zur Beantwortung der Frage nach dem Märchen in der Antike allein die Untersuchung in der antiken Literatur verwendeter Motive oder Handlungsstrukturen keinen selbständigen Beitrag zu leisten vermag, kann hier nur noch der Blick auf die direkten Erwähnungen bzw. literarisch überlieferten Testimonien für vermeintliches oder tatsächliches Märchenerzählen in der Antike weiterführen.

Eine ausgewogene Interpretation sollte diese Testimonien allerdings nicht, wie dies bisher in der Regel geschehen ist, losgelöst von ihrem Kontext je einzeln für sich betrachten. Vielmehr muß auch bei der Wertung von Belegen aus der antiken Literatur die jeweilige Erzählgelegenheit bzw. der soziale Ort der Erzählung mit berücksichtigt werden, wie dies die Volkserzählforschung für das von ihr herangezogene Material seit einigen Jahrzehnten zu tun gelernt hat (s.o. 3.1). Erst hierdurch wird es möglich sein, neue Aspekte zur Beantwortung der Frage nach dem antiken Märchen zu gewinnen; denn gerade im Bereich volkstümlichen Erzählens können Erzählgelegenheit und gesellschaftliche Funktion einer Erzählung wesentlich zur richtigen Beurteilung und Klärung ihrer Gattungszugehörigkeit beitragen.

Um diesen kontextbezogenen Ansatz auch der Interpretation der (vermeintlichen) Belege für das Märchenerzählen in der Antike fruchtbar zu machen, sollen anhand der in 3.2 vorgestellten Kriterien die antiken Quellen befragt werden, inwieweit hier Übereinstimmungen oder Differenzen in bezug auf die möglichen Erzählgelegenheiten des Märchens in Antike und Neuzeit feststellbar sind.

Dazu sollen nach einer einleitenden Typologie der im allgemeinen als Testimonien für das Märchenerzählen in der Antike aufgefaßten Passagen der antiken Literatur (4.1) zunächst die Belege für (vermeintliche) Kinder- oder Ammenmärchen vorgelegt und interpretiert werden (4.2). Sodann sollen auch die Belege für antike „Spinnstubengeschichten" kritisch betrachtet werden (4.3). Dabei wird jeweils auf das Verhältnis von Erzählgelegenheit bzw. Erzähler und Art des Erzählinhaltes zu achten sein. Schließlich ist zu überlegen, welche Konsequenzen sich aus den so gewonnenen Ergebnissen für das „Märchen" in der Antike ergeben (4.4).

## 4.1 Typologie der Testimonien für das „Märchenerzählen" in der Antike: „Kindermärchen" und „Spinnstubengeschichten"

Testimonien, in denen in der Regel γραῶν μῦθοι bzw. *fabellae aniles* o.ä. genannt werden, sind in der wissenschaftlichen Literatur ohne weitere Differenzierung immer wieder zum Beweis der Existenz des Märchens schon in der Antike herangezogen worden - in besonders großer Zahl z.B. von Friedländer (1921), Aly (1928) und Mensching (1979)[1]. Eine systematische, chronologisch geordnete und mit einigen die Realien kommentierenden Bemerkungen versehene numerierte Sammlung der „Zeugnisse zur Geschichte der Märchen" bietet aber allein Bolte[2], der die Grimmschen „Zeugnisse für Kindermärchen"[3] systematisch ergänzt und erweitert hat: Bolte glaubt, bei 34 antiken Autoren von Aristophanes bis Iordanes direkte Erwähnungen des antiken Märchenerzählens finden zu können. Allerdings unterzieht Bolte die von ihm gesammelten Belege keiner genaueren Interpretation, die auch die jeweilige Erzählgelegenheit mit berücksichtigt.

Den umgekehrten Weg geht Scobie: Zwar kommt ihm das Verdienst zu, unvoreingenommen nach dem sozialen Kontext des Geschichtenerzählens in der Antike gefragt zu haben[4]; die hierfür einschlägigen Testimonien bezieht er jedoch nur zu einem geringen Teil in seine Überlegungen mit ein und stützt sich stattdessen häufig lieber auf Überlegungen eher allgemeiner Natur und neuzeitliche Parallelen[5]. Eine ausgewogene Interpretation sollte dagegen das traditionelle Vorgehen Boltes mit dem modernen, kontextorientierten Ansatz Scobies kombinieren, um so zu möglichst stichfesten Ergebnissen zu gelangen.

Die von Bolte gesammelten, aber auch von anderen Philologen herangezogene Testimonien bilden somit die Grundlage der folgenden Untersuchung des antiken Geschichtenerzählens in märchentypischem sozialem Kontext. Dabei

---

[1] S.o. die Besprechung dieser Arbeiten in 2.1.2 und 2.1.3.

[2] BP 4 (1930) 41-94, s.o. 2.2.1.

[3] Band 1 der KHM (1812) XXII-XXIV bietet erst vier solcher Zeugnisse, davon eines aus der Antike (Strab., Geogr. 1,2,8), welches durch Eintragungen im Handexemplar der Brüder Grimm um Hinweise auf Quintilian, Apuleius und Tertullian ergänzt wird. Der seit der 2. Auflage der KHM verselbständigte Anhang führt in der Fassung letzter Hand schließlich sechs antike Autoren als Gewährsleute für das antike Märchen an: KHM 3 (1856) 273 sq.

[4] Vorangegangen war Trenkner 1958, 16-22, die sich ihrem Thema gemäß jedoch auf die möglichen Erzählgelegenheiten der Novelle beschränkt.

[5] Scobie 1983, 1-73 (eine im wesentlichen unveränderte, jedoch leicht erweiterte und ergänzte Fassung von Scobie 1979).

können aber naturgemäß bloße Erwähnungen von γραῶν μῦθοι bzw. *fabellae aniles* o.ä.[6] nicht weiterführen; denn eine sichere Unterscheidung märchenhafter von sonstigen Erzählstoffen ist nicht möglich, sofern jeder weitere Hinweis auf den Inhalt dieser Geschichten fehlt. Außerdem sollten möglichst auch Erzählgelegenheit bzw. Erzähler und Rezipienten der jeweils erwähnten Geschichte erkennbar sein, um zur Klärung ihrer Gattungszugehörigkeit beizutragen.

Die antike Literatur überliefert zwei große Gruppen von Zeugnissen, die auf Volkserzählungen in märchentypischem sozialem Kontext hinweisen und im allgemeinen tatsächlich als Testimonien für das Leben der Gattung „Märchen" in der Antike in Form von „Kinder- und Ammenmärchen" und „Spinnstubengeschichten" gewertet worden sind[7]: Seit dem 5. Jahrhundert v. Chr. wird in der antiken Literatur immer wieder das Geschichtenerzählen von Greisinnen, Kinderfrauen, Ammen oder Müttern und vereinzelt auch alter Männer für eine kindliche Zuhörerschaft erwähnt. Etwa zeitgleich beginnen die Quellen auch von den Erzählungen zu gemeinsamer Handarbeit versammelter Frauen zu reden.

Die Testimonien für diese beiden Erzählgelegenheiten sollen nun vorgestellt und besprochen werden, wobei Erzählungen für Kinder (4.2) und die von Frauen untereinander (4.3) je für sich betrachtet werden. Von Frauen erzählte Geschichten, deren Zuhörerkreis nicht explizit genannt wird, werden unter der zweiten Gruppe mitbehandelt. Besondere Aufmerksamkeit soll dabei neben dem sozialen Kontext auch dem Inhalt der jeweils erwähnten Geschichte gelten, um so ihre Gattungszugehörigkeit besser einschätzen zu können.

Außerhalb der Betrachtung bleibt das für die Antike ebenfalls bezeugte Geschichtenerzählen beim geselligen Beisammensein am Abend, da dieses bereits seit Homer belegte Motiv so gut wie ausschließlich als literarischer Rahmen verwendet worden ist, in den sich jede Art von Geschichte bequem

[6] Eine Untersuchung dieser und verwandter Wendungen in der antiken Literatur unternimmt Massaro in seinem Aufsatz *„Aniles fabellae"* (1977), der sie von Platon an bei ca. 50 Autoren nachweisen kann (cf. Massaro 1977, 126 sq.). Allerdings läßt Massaro die in diesem Zusammenhang an sich naheliegende Frage nach dem antiken Märchen ganz außer Betracht, sondern faßt die genannten Wendungen nur als sprichwörtliche Redensarten auf. Er will ihre Verwendungsweise aufzeigen, ohne sie als Zeugnisse einer bestimmten Volkserzählgattung in Anspruch zu nehmen.

[7] Cf. z.B. KHM 1 (1812) XIV und XXII; Friedländer 1921, 91 sq. und Lüthi 1996, 41.

einspannen läßt[8]. Die hieraus resultierende kaum auflösbare Vermischung von literarischem Sujet und tatsächlicher Erzählgelegenheit läßt zuverlässige Aussagen zu den bei dieser Gelegenheit tatsächlich erzählten Geschichten von seiten der antiken Literatur kaum erwarten.

Die vorgelegten Zeugnisse erheben keinen Anspruch auf Vollständigkeit, vielmehr kommt es auf ihre exemplarische Bedeutung an, die allgemeine Aussagen über das Geschichtenerzählen an dem jeweils behandelten sozialen Ort in der Antike ermöglichen soll. Es kann hier mithin nicht darum gehen, einzelne, von Altphilologen und Volkserzählforschern in bestimmten Argumentationsmustern zum Erweis der Existenz des Märchens in der Antike verwendete Testimonien als solche einzeln zu widerlegen; vielmehr soll anhand einer Auswahl derartiger, aber auch aus eigener Lektüre gewonnener Zeugnisse ein Bild des Erzählens in der antiken Gesellschaft bei verschiedenen Gelegenheiten skizziert werden, die in der Neuzeit als eigentlich für die Gattung „Märchen“ typisch gelten. Dabei werden neben ca. 20 bereits Bolte bekannten Stellen (s.o.) etwa 60 weitere Zeugnisse aus der antiken Literatur herangezogen, während einige zwar von Bolte aufgeführte, für die Fragestellung vorliegender Arbeit aber unergiebige Testimonien beiseite bleiben können (cf. Index/Konkordanz).

## 4.2 Erzählungen für Kinder: antike „Kinder- und Ammenmärchen“?

### 4.2.1 Erzählerinnen und Erzählgelegenheit

Nach Ausweis der Quellen spielte auch in der Antike das Geschichtenerzählen bei der Betreuung und Erziehung von Kindern eine wichtige Rolle. Als Er-

[8] Das berühmteste Beispiel einer solchen Rahmenerzählung dürften die Apologe (Od. 9-12) darstellen; danach hat dieses Sujet in der antiken Literatur vielfach Karriere gemacht. Zur Illustration seien nur zwei Beispiele aus Ovids Metamorphosen genannt: Eine abendliche Unterhaltung bildet den Rahmen für Ov., Met. 8,547 - 9,88: Auf dem Rückweg von der Kalydonischen Jagd werden Theseus und seine Gefährten vom Flußgott Achelous gastlich aufgenommen. Nach dem Essen erzählt man sich dann diverse Geschichten. Eine analoge Rahmenerzählung findet sich etwa auch in Ov., Met. 12,159-579: Nach dem Sieg Achills über Cygnus veranstalten die Griechen in einer Kampfpause des Troianischen Krieges ein Festmahl, an das sich eine nächtliche Erzählrunde mit verschiedenen Geschichten anschließt. - Letztlich greift auch die gesamte antike Symposien-Literatur von Platon und Xenophon angefangen auf diesen Erzählkontext zurück. Cf. Sandy, G. N., Petronius and the Tradition of the Interpolated Narrative, in: TAPhA 101 (1970) 463-476, bes. 471-473.

zähler kamen naturgemäß besonders die mit der Kinderbetreuung befaßten Frauen, neben den Müttern also in erster Linie Ammen und oft ältere Kinderfrauen[9] in Betracht. Da die Antike keine institutionalisierten Kindergärten oder Kleinkinderschulen kannte, wurde offenbar vorwiegend im häuslichen Kontext erzählt[10].

Auf diese in Griechenland allgemein verbreiteten und seit dem 5. Jahrhundert v. Chr. vielfach bezeugten Verhältnisse bezieht sich etwa Platon, wenn er Funktion und Wirkung des auf die Beliebtheit seiner mythologisch-historischen Lehrvorträge stolzen Sophisten Hippias von Elis auf seine Zuhörer mit derjenigen geschichtenerzählender alter Frauen auf Kinder vergleicht:

> „Ich ... merke nun wohl, daß ... sie (sc. die Lakedaimonier) sich deiner bedienen wie die Kinder der alten Mütterchen, um ihnen schöne Geschichten zu erzählen." (Plat., Hipp. meiz. 286 a; Übersetzung nach F. Schleiermacher)[11]

Auch der Autor der pseudoplutarcheischen Schrift von der Kindererziehung erwähnt Ammen als typische Erzählerinnen von Kindergeschichten, allerdings nur indirekt. Unter Bezugnahme auf die weiter unten (4.2.6) noch zu besprechende platonische Mythenkritik erklärt er:

> „So scheint mir der göttliche Platon sehr fein den Ammen einzuschärfen, den kleinen Kindern ja nicht jede beliebige Geschichte zu erzählen, damit ihre Seelen nicht gleich von Anbeginn an mit törichten und verdorbenen Vorstellungen angefüllt werden." (Ps.-Plut., Paid. 5,3 ef; Übersetzung [Tusculum] München 1947)[12]

---

[9] Das im allgemeinen mit deutsch „Amme" wiedergegebene griechische τίτθη etc. kann, ebenso wie lateinisch *nutrix*, keineswegs nur die ein Kind stillende Amme bedeuten, sondern meint zuweilen auch die in der Regel als τροφός bezeichneten Kinderfrauen und Erzieherinnen bereits entwöhnter älterer Kinder: Herzog-Hauser, G., s.v. Nutrix (griech. τίτθη, τιθήνη). 1) Amme, in: RE 17,2 (1937) 1491-1500, hier: 1491 sq.; cf. Marrou 1957, 209.

[10] Marrou 1957, 210; cf. Buxton 1994, 18. Unter dem Aspekt der Erzählgelegenheit stellt Scobie 1983, 17-30 einige Belege für antike „Ammenmärchen" zusammen. Den Schwerpunkt legt er hierbei allerdings auf Kinderschreckgeschichten (Scobie 1983, 22-30), die doch nur einen Teil des gesamten Komplexes antiker Kindergeschichten ausmachen: s.u. 4.2.3.

[11] ... ἐννοῶ ὅτι εἰκότως σοι ...οἱ Λακεδαιμόνιοι ... χρῶνται ὥσπερ ταῖς πρεσβύτισιν οἱ παῖδες πρὸς τὸ ἡδέως μυθολογῆσαι.

[12] καί μοι δοκεῖ Πλάτων ὁ δαιμόνιος ἐμμελῶς παραινεῖν ταῖς τίτθαις μηδὲ τοὺς τυχόντας μύθους τοῖς παιδίοις λέγειν, ἵνα μὴ τὰς τούτων ψυχὰς ἐξ ἀρχῆς ἀνοίας καὶ διαφθορᾶς ἀναπίμπλασθαι συμβαίνῃ.

Ganz ähnlich vergleicht der gegen Ende des 2. Jahrhunderts n. Chr. wirkende popularphilosophische Rhetor Maximos von Tyros die für in der Philosophie noch unbewanderte Seelen geeignete Art von Philosophie damit,

> „wie die Ammen die Kinder mit Hilfe des Erzählens von Geschichten hüten.“ (Max. Tyr. 4,3,49)[13]

Ammen als Geschichtenerzählerinnen kennt schließlich auch Kaiser Julian Apostata in seiner Rede gegen den Kyniker Herakleios: Er schildert seinen Ärger, der in ihm aufstieg,

> „als wir auf eine Einladung hin einen Kyniker anhörten, der keineswegs deutlich und auch nicht vornehm daherbellte, sondern wie die Ammen Geschichten vortrug und auch diese nicht in eine vernünftige Ordnung brachte.“ (Iul., or. 7,1,204 a)[14]

Für Rom bezeugt z.B. Tacitus ähnliche Verhältnisse[15]. In seinem Dialogus de Oratoribus läßt er Messalla, einen der Unterredner, in seine Kritik der zeitgenössischen Erziehung auch Bemerkungen gegen die -inzwischen bereits sprichwörtlichen[16]- „Ammenmärchen“ einflechten:

> „Jetzt dagegen wird das neugeborene Kind irgendeiner griechischen Magd überlassen, der man den oder jenen aus der Masse der Sklaven beigibt ... Mit deren Geschichten und falschen Vorstellungen werden gleich zu Beginn die jugendlichen und noch unerfahrenen Seelen erfüllt...“ (Tac., Dial. 29; Übersetzung nach H. Volkmer)[17]

Hier fällt auf, daß Tacitus neben den häufig erwähnten Ammen zusätzlich auch den Paidagogos als möglichen Erzähler nennt.

---

[13] ... καθάπερ αἱ τίτθαι τοὺς παῖδας διὰ μυθολογίας βουκολοῦσιν...

[14] ... ὁπηνίκα παρακληθέντες ἠκροώμεθα κυνὸς οὔτι τορὸν οὐδὲ γενναῖον ὑλακτοῦντος, ἀλλ' ὥσπερ αἱ τίτθαι μύθους ᾄδοντος καὶ οὐδὲ τούτους ὑγιῶς διατιθεμένου.

[15] Cf. auch Wiedemann 1989, 144 sq.

[16] Cf. Otto 1890, 28 (s.v. anus).

[17] *At nunc natus infans delegatur Graeculae alicui ancillae, cui adiungitur unus aut alter ex omnibus servis ... horum fabulis et erroribus [et] virides [teneri] statim et rudes animi imbuuntur* ... - Der zweite Teil von Tacitus' Aussage stimmt mit der oben zitierten Passage aus Ps.-Plut., Paid 5 fast wörtlich überein, so daß hier (wie auch an einigen anderen Stellen dieser beiden Werke) mit der Benutzung einer gemeinsamen Vorlage zu rechnen ist, die im übrigen auch Quintilian verwendet zu haben scheint: cf. Gudeman ad Tac., Dial. 29,2 und p. 95 seiner Prolegomena (Gudeman denkt an Chrysipp).

Der am Anfang des 3. Jahrhunderts n. Chr. schreibende Horaz-Kommentator Pomponius Porphyrio kennt ebenfalls Ammen und Kinderfrauen als typische Geschichtenerzählerinnen für Kinder: Als Horaz in einem Gedicht seine Amme Pullia erwähnt (c. 3,4,10), bezieht Porphyrio das *fabulosae* des vorangehenden Verses in seiner Erklärung dieser Stelle ohne weiteres auf die Amme,

> „weil die Ammen gewöhnlich ihren Zöglingen Geschichten zu erzählen pflegen." (Pomp. Porph. ad Hor., c. 3,4,9)[18]

Texte wie die soeben vorgestellten machen deutlich, daß auch in der Antike Kindern im Rahmen ihrer häuslichen Betreuung und Erziehung insbesondere von Ammen und Kinderfrauen Geschichten erzählt wurden. Auch für die Absicht, in der dies jeweils geschah, gibt es eine Reihe von Zeugnissen, denen wir uns nun zuwenden.

### 4.2.2 Die Erzählabsicht

Neben bloßer Unterhaltung, Beruhigung und Tröstung der Kinder wird aus den Quellen häufig auch die Absicht erkennbar, ihnen durch das Erzählen einer Geschichte ein bestimmtes Verhalten nahezulegen oder sie von etwas abzubringen.

Eine typische häusliche Erzählsituation, die außerdem noch die genaue Erzählabsicht erkennen läßt, schildert etwa Euripides in seinem ca. 415 v. Chr. entstandenen[19] „Herakles": Im Prolog der Tragödie berichtet Megara, die Frau des Helden, wie sie ihre sehnsüchtig den Vater erwartenden Kinder durch eine Geschichte ablenkt, wenn diese nach seiner Rückkehr fragen:

---

[18] ... *quod nutrices fere alumnis suis fabulas narrare soleant.* - Noch Kiessling (und nach ihm noch Hose 1990, 82) stellt in der 2. Auflage seines Kommentars von 1890 (ad Hor., c. 3,4,10) dieselbe Beziehung her und erklärt, Horaz sei „unter der Obhut seiner märchenreichen *nutrix*" aufgewachsen, während in den späteren Auflagen des nämlichen Kommentars diese Meinung begründetermaßen aufgegeben wurde: Das *fabulosae* in v. 9 wird heute im allgemeinen auf die *palumbes* in v. 12 bezogen, was dann soviel wie „die aus der Sage bekannten Tauben" bedeutet und auf ähnliche sagenhafte Tier-Omina hinweist, wie etwa Cicero, Div. 1,78 eines aus Platons Jugend zu berichten weiß.

[19] Cf. Lesky 1972, 370, Anm. 141.

> „Ich aber täusche sie mit bloßen Worten darüber hinweg, indem ich eine Geschichte erzähle.“ (Eur., Her. 76 sq.; Übersetzung nach Wilamowitz’ Kommentar ad loc.)[20]

Und kurz darauf wird Megara von ihrem Schwiegervater Amphitryon dazu aufgefordert, mit dem Geschichtenerzählen fortzufahren:

> „Nein, fasse dich und stille deinen Kindern die Tränen und beruhige sie mit bloßen Worten, indem du mit Geschichten ihre Furcht täuschst.“ (Eur., Her. 98-100; Übersetzung nach Wilamowitz)[21]

Auch in der Parodos seiner nur fragmentarisch erhaltenen Tragödie Hypsipyle von 408/407 v. Chr.[22] stellt Euripides offenbar eine vergleichbare Erzählgelegenheit dar: Die lemnische Königstochter Hypsipyle wirkt in ihrem nemeischen Exil als Kinderfrau des kleinen Opheltes, des Sohnes des dortigen Königspaares. Seine Eltern sind ausgegangen (Hyps. frg. 1 I, 11 Bond = c. 141 Cockle), und der Kleine scheint unruhig zu werden, da Hypsipyle ihn zu beruhigen versucht[23]:

> „Hier, das Geräusch der Klapper!“ (Eur., Hyps. frg. 1 II, 9 Bond = c. 194 Cockle; Übersetzung hier und in der Folge (nach) G. A. Seeck)[24]

Dazu singt sie Opheltes ein Schlaflied und betont:

> „Hier lasse ich nicht bei Faden und tuchspannendem Weberstab Trostlieder wie auf Lemnos ertönen, sondern nur was man einem kleinen Kind singt, wenn es schlafen soll oder

---

[20] ἐγὼ δὲ διαφέρω / λόγοισι, μυθεύουσα.

[21] ἀλλ’ ἡσύχαζε καὶ δακρυρρόους τέκνων / πηγὰς ἀφαίρει καὶ παρευκήλει λόγοις, / κλέπτουσα μύθοις ἀθλίους κλοπὰς ὅμως. - Wilamowitz gibt in seiner Übersetzung μυθεύουσα (77) und μύθοις (100) jeweils mit „Märchen“ wieder und bemerkt im Kommentar ad 76, μῦθος sei zur Zeit des Euripides „im Attischen nur noch als ‘Märchen’ in Gebrauch“ gewesen. Doch kommt es ihm hier offenbar weniger auf konkrete Gattungsfragen an, sondern vielmehr auf den Kontrast zu der „alte(n) und im Ionischen dauernde(n) Bedeutung ‘Rede’“ des Wortes μῦθος. Gleichwohl zeigt sich auch an dieser Stelle mit paradigmatischer Deutlichkeit die allgemein vebreitete Rückprojektion neuzeitlicher Verhältnisse auf die Antike: Allein aus dem in der Neuzeit als für das Märchen typisch geltenden außersprachlichen Kontext wird ohne weiteres auch ohne inhaltliche Evidenz auf die Gattungszugehörigkeit des Erzählten geschlossen. Dieser Analogieschluß hat hier allerdings, wie so oft, keinerlei inhaltliche Stütze, da nirgendwo davon die Rede ist, was Megara ihren Kindern denn nun wirklich erzählt.

[22] So Bond in der Appendix III zu seinem Kommentar (p.144).

[23] Cf. Hose 1990, 80.

[24] ἰδοὺ κτύπος ὅδε κορτάλων.

> wenn man mit ihm scherzt oder wenn man sich um seine Pflege kümmert, singe ich hier.“ (Eur., Hyps. frg. 1 II, 11-16 Bond = c. 196-201 Cockle)[25]

Neben der hier aktuellen Funktion der Geschichte bzw. des deren Stelle vertretenden Liedes, nämlich der Tröstung und Beruhigung des kleinen Opheltes, spricht Hypsipyle somit noch zwei weitere mögliche Erzählabsichten für Kindergeschichten an, die uns noch öfter begegnen werden: Unterhaltung und Erziehung. Allerdings erklärt sie die ihr aus Lemnos geläufigen Lieder oder Geschichten, mit denen sich die Frauen bei der gemeinsamen Wollarbeit unterhalten[26], als ungeeignet für ihren kleinen Opheltes.

Über den Grund hierfür kann man nur spekulieren, doch hat Hoses Vermutung, diese Passage sei „der früheste Hinweis auf den ὗθλος γραῶν (Plat. Tht. 176B) und zugleich bereits ein Hinweis auf die Diskussion über die Frage, ob dies für Kinder angemessen ist“[27], einige Wahrscheinlichkeit für sich; denn da direkte Kritik an den üblichen Kindergeschichten zumindest seit Platon häufiger nachweisbar ist (s.u. 4.2.6), können die Wurzeln dieser Kritik durchaus auch in die Lebenszeit des Euripides, die Hochzeit der Sophistik, zurückreichen.

Eine ähnliche Erzählsituation wie Euripides deutet auch der attische Lokalhistoriker Demon (Ende 4. Jahrhundert v. Chr.) in seiner Atthis an, aus der Plutarch in seiner Biographie des mythischen Helden und späteren Königs von Athen Theseus zitiert: Als er auf das Oschophorienfest, ein angeblich von Theseus zur Erinnerung an seine Ausfahrt nach Kreta gestiftetes Dionysosfest[28], zu sprechen kommt, erklärt er, am Festopfer seien als „Deipnophoroi“ (Speiseträgerinnen) bezeichnete Frauen beteiligt, welche die Mütter der zur Zeit des Theseus als Tribut für den kretischen König Minos ausgelosten Kinder darstellten.

---

[25] οὐ τάδε πήνας, οὐ τάδε κερκίδος / ἱστοτόνου παραμύθια Λήμνια / Μοῦσα θέλει με κρέκειν, ὅ τι δ᾽ εἰς ὕπνον / ἢ χάριν ἢ θεραπεύματα πρόσφορα / [π]αιδὶ πρέπει νεαρῷ / τάδε μελῳδὸς αὐδῶ.

[26] Diese Unterhaltung bei der monotonen Handarbeit meint der Terminus „Trostlieder“ (παραμύθια, daraus neugriech. παραμύθι „Märchen“); cf. Bond ad frg. 1 II, 9 ff. und Hose 1990, 82 sowie die unten in 4.3 gesammelten Belege für das Geschichtenerzählen zu gemeinsamer Handarbeit versammelter Frauen.

[27] Hose 1990, 82, Anm. 15. Die früheste explizite Bezugnahme auf „Altweibergeschichten“ findet sich allerdings erst bei Platon, cf. Massaro 1977, 106.

[28] Diese Verbindung zwischen Theseus und den Oschophorien wurde natürlich erst sekundär konstruiert: cf. Deubner, L., Attische Feste, Darmstadt 2/1956, 142.

> „Dazu werden Geschichten erzählt, weil auch jene Frauen (sc. die Mütter), um den Kindern Mut zu machen und sie zu trösten, Geschichten erzählt hatten.“ (Demon, FGrHist 327 F 6 = Plut., Thes. 23,4,10 e; Übersetzung nach K. Ziegler)[29]

Das Geschichtenerzählen als Trostmittel für Kinder bezeugt schließlich auch der Rhetor Dion Chrysostomos. In seiner vierten Rede „Vom Königtum“ schildert er die Begegnung zwischen dem Kyniker Diogenes und Alexander dem Großen in Korinth[30]. Es entspinnt sich ein Gespräch über das wahre Königtum, in dem Diogenes den König hart angeht. Als er ihn daraufhin wieder trösten möchte, erzählt Diogenes ihm einen libyschen Mythos. Dies kommentiert Dion mit den Worten:

> „So machen es ja auch Ammen mit kleinen Kindern: Wenn sie die Kinder geschlagen haben, trösten sie sie wieder und erzählen ihnen eine schöne Geschichte.“ (D. Chr., or. 4,74 sq.; Übersetzung hier und in der Folge W. Elliger)[31]

Der soeben erwähnte libysche Mythos erscheint allerdings nicht im Rahmen der vierten Rede, sondern gesondert als fünfte Rede. Dion berichtet hier von den Lamien, vor Zeiten in Libyen ihr Unwesen treibenden dämonischen Ungeheuern, die, halb Schlange, halb betörend schöne Jungfrau, mit ihren Reizen Menschen anlockten, um sie dann zu töten. Dann erklärt er:

> „Diese Geschichte ist nicht für kleine Kinder erfunden, um sie zu größerer Vorsicht und Artigkeit zu erziehen, sondern für die Erwachsenen und ihre hochgradigere Dummheit.“ (D. Chr., or. 5,16)[32]

Die Lamien sollten nämlich die Gefahren der Verführung durch schändliche Leidenschaften und deren negative Folgen verdeutlichen. Durch die explizite Deutung dieses Mythos als moralisches Exemplum[33] läßt Dion aber zugleich

---

[29] καὶ μῦθοι λέγονται διὰ τὸ κἀκείνας εὐθυμίας ἕνεκα καὶ παρηγορίας μύθους διεξιέναι τοῖς παισί.

[30] D. Chr., or. 4,12. Die Anekdote von dieser durch zahlreiche Autoren immer weiter ausgeschmückten Begegnung, bei der das berühmte „Geh' mir aus der Sonne!“ gefallen sein soll, findet sich zuerst bei Cic., Tusc. 5,92.

[31] ... καθάπερ αἱ τίτθαι τὰ παιδία, ἐπειδὰν αὐτοῖς πληγὰς ἐμβάλωσι, παραμυθούμεναι καὶ χαριζόμεναι μῦθον αὐτοῖς ὕστερον διηγήσαντο.

[32] Ὅδε μὲν δὴ ὁ μῦθος, οὐ παιδίῳ πλασθείς, ὡς ἂν ἧττον ᾖ θρασὺ καὶ ἀκόλαστον, ἀλλὰ τοῖς μείζω καὶ τελειοτέραν ἀφροσύνην ἔχουσιν ...

[33] Eine solche Verwendungsweise von Mythen hatte bereits vor Dion eine lange Tradition; man denke etwa an den alten Phoinix, der im 9. Buch der Ilias von Meleager erzählt, um Achill zum

auch erkennen, daß solche Erzählungen in der Regel als Kinderschreckgeschichten in Umlauf waren, welche die Kinder zu größerem Wohlverhalten animieren sollten.

Aus dem Abschluß der Rede, der „den Jüngeren zuliebe“ noch einen konkreten Fall des Wütens der Lamia schildert, ergibt sich, daß derartige Geschichten durchaus auch Glauben fanden:

> „Denn sie (sc. die Jüngeren) sind von ihrer (sc. der o.g. Geschichte) Wahrheit so sehr überzeugt, daß sie versichern, später einmal sei eines dieser Ungeheuer einer griechischen Festgesandtschaft begegnet, die ... zum Orakel des Ammon unterwegs war.“ (D. Chr., or. 5,24)[34]

Es folgt der Bericht von der grausigen Ermordung zweier Jünglinge durch die Lamia, nachdem sie sich in der libyschen Wüste von besagter Festgesandtschaft hatten weglocken lassen.

Die hier vorgelegten, aus einer Anzahl ähnlicher Zeugnisse herausgegriffenen Texte lassen deutlich erkennen, daß auch in der Antike eine der in der Neuzeit als für das Märchen typisch erachteten Erzählgelegenheiten, nämlich das Geschichtenerzählen von Frauen für Kinder nachweisbar ist. Erzählt wurde demnach zur Unterhaltung, Ablenkung oder auch in didaktischer Absicht. Doch was hier in der Antike genau erzählt wurde, wird aus den bisher zitierten Quellen (mit Ausnahme der aus kontextuellen Gründen bereits oben besprochenen Lamia-Geschichte) nicht deutlich.

Ob die in diesem an sich für märchentypisch geltenden Kontext erzählten Geschichten, wie allgemein angenommen, auch tatsächlich Märchen waren, können nur Testimonien erweisen, die neben dem sozialen Ort auch noch etwas vom Inhalt der erwähnten Geschichten erkennen lassen. Mit anderen Worten: Nachdem sich gezeigt hat, daß auch in der Antike den Kindern zur Unterhaltung, Ablenkung und Erziehung unstreitig Geschichten erzählt

---

Wiedereintritt in den Kampf zu bewegen (Il. 9,527-605), oder an die Geschichte von Herakles am Scheideweg bei dem Sophisten Prodikos von Keos, die Xenophon seinen Sokrates im Gespräch mit dem Hedoniker Aristipp referieren läßt (VS 84 B 2 = Xen., Apomn. 2,1,21-34). - Ebendiese Erzählung von Herakles am Scheideweg bearbeitet übrigens auch Dion selbst als Abschluß seiner ersten Rede und erklärt, er habe sie in der Zeit seiner Wanderjahre im Inneren der Peloponnes von einer prophetischen alten Frau erzählt bekommen, um sie Kaiser Traian zu übermitteln (D. Chr., or. 1,50-84).

[34] οὕτω γὰρ πάνυ πείθονται αὐτῷ καὶ νομίζουσιν ἀληθές, ὥστε ὕστερόν ποτέ φασιν ἐπιφανῆναι τοῦ γένους τούτου βαδίζουσιν εἰς Ἄμμωνος Ἕλλησι θεωροῖς ...

wurden, muß die Frage lauten: Welcher Art war der Inhalt dieser Geschichten? Zwar sind Zeugnisse, die auf diese Frage eine Antwort geben können, wesentlich seltener als bloße Erwähnungen von „Ammen- und Altweibermärchen“ o.ä.[35], doch sprechen die erhaltenen Belege meist eine recht deutliche Sprache.

### 4.2.3 Kinderschreckgeschichten

Wie in der zuletzt besprochenen Passage aus Dion Chrysostomos, or. 5 bereits angeklungen, gab es auch in der Antike typische Kinderschreckgeschichten von Dämonen und Spukgestalten[36], die Kindern erzählt wurden, um diese zu größerem Wohlverhalten anzuleiten[37]. Auf derartige Erzählungen im allgemeinen bezieht sich z.B. Platon in seiner Politeia: Bei der Darstellung der Grundzüge seiner Götterlehre weist er die in der Dichtung häufige Vorstellung zurück, Götter würden sich in verschiedene Gestalten verwandeln. Weder die Dichter sollten Derartiges in ihren Werken darstellen,

> „noch auch sollen, von ihnen (sc. den Dichtern) überredet, die Mütter ihre Kinder fürchten machen, indem sie die Mythen schlecht erzählen, als ob nachts gewisse Götter allerlei wunderlichen Fremdlingen ähnlich umgingen, damit sie nicht zugleich die Götter lästern und zugleich auch ihre Kinder feigherziger machen.“ (Plat., Pol. 381 e; Übersetzung nach F. Schleiermacher)[38]

Platon kritisiert hier ziemlich deutlich den „verbreiteten Brauch, unfolgsamen Kindern durch die Warnung vor Göttern, die bei Nacht in verschiedenen

---

[35] Cf. Massaro 1977, passim.

[36] Eine Zusammenstellung verschiedener Kinderschreckfiguren der Antike bietet Scobie 1979, 246 sq. (mit weiterer Literatur und einigen neuzeitlichen Parallelen). Zu Spukgestalten und Dämonen in der griechischen Religion im allgemeinen cf. Nilsson 1955, 225-227.

[37] Zur Erzählabsicht von Kinderschreckgeschichten cf. Scobie 1983, 30 und 64 sq., Anm. 144 mit einigen neuzeitlichen Parallelen.

[38] μηδ’ αὖ ὑπὸ τούτων ἀναπειθόμεναι αἱ μητέρες τὰ παιδία ἐκδειματούντων, λέγουσαι τοὺς μύθους κακῶς, ὡς ἄρα θεοί τινες περιέρχονται νύκτωρ πολλοῖς ξένοις καὶ παντοδαποῖς ἰνδαλλόμενοι, ἵνα μὴ ἅμα μὲν εἰς θεοὺς βλασφημῶσιν, ἅμα δὲ τοὺς παῖδας ἀπεργάζωνται δειλοτέρους. - Zum Verhältnis von hoher Dichtung und häuslicher Erzählung bei Platon cf. das unten zu Pol. 377 bc Gesagte.

Gestalten, also sozusagen als Gespenster, umgehen, Angst zu machen."[39] Um welche göttlichen Wesen genau es sich hier handelt, läßt er allerdings offen; doch liegt etwa der Gedanke an die in Griechenland bereits seit archaischer Zeit weithin verehrte und gefürchtete (Spuk-) Göttin Hekate nahe[40].

Konkreter wird der altstoische Philosoph Chrysipp von Soloi: In seiner Polemik gegen die platonische Vorstellung, die Furcht vor Strafe durch die Götter könne davon abhalten, Unrecht zu tun, erklärt er, dieses Argument

> „unterscheide sich in keiner Weise von Akko und Alphito, durch welche die Frauen ihre Kinder von schlechtem Benehmen abhalten." (Chrysipp., SVF 3, 313 = Plut., Stoik. Enant. 15,1040 b)[41]

Ähnlich wie bei der bereits genannten Lamia handelt es sich bei Akko und Alphito um dämonische Spukgestalten aus dem Bereich des Volksglaubens, vergleichbar etwa der deutschen Roggenmuhme, die im Begriff sind, zum bloßen Kinderschreck herabzusinken[42].

Daß auch in Rom derartige Geschichten in Umlauf waren, bezeugt der Grammatiker Aelius Stilo (um 150 - um 80 v. Chr.). Er wird im Lexikon des Festus unter dem Stichwort *Manias* u.a. mit folgenden Worten zitiert:

> „Die Manien aber, welche die Ammen kleinen Kindern anzudrohen pflegen, seien Gespenster, das bedeutet göttlich verehrte Totengeister." (Ael. Stilo, frg. 14, p. 61 GRF = Festus, s.v. Manias, p. 114 Lindsay)[43]

Eine typische Kinderschreckgeschichte bildet schließlich auch den Hintergrund einer äsopischen Fabel: Eine alte Frau droht einem offenbar ihrer Obhut anvertrauten Kind, wenn es nicht zu weinen aufhöre, werde sie es dem Wolf zum Fraß vorwerfen. Der tatsächlich in der Nähe des Hauses hungrig herumstreichende Wolf hört dies und wartet - aber vergebens. *Fabula docet*: Glaube nie den Worten der Menschen bzw. Frauen o.ä. (Corp. Fab. Aesop. 163; cf. Babr., Myth. 16; Avian., Fab. 1 u.a.).

---

[39] Gigon 1976, 214.

[40] Cf. Nilsson 1955, 724.

[41] ... οὐδὲν διαφέροντα τῆς Ἀκκοῦς καὶ τῆς Ἀλφιτοῦς, δι' ὧν τὰ παιδάρια τοῦ κακοσχολεῖν αἱ γυναῖκες ἀνείργουσιν.

[42] Cf. Crusius, O., s.v. Akko, in: RE 1,1 (1893) 1171-1173 und id., s.v. Alphito, in: RE 1,2 (1893) 1637.

[43] *manias autem, quas nutrices minitentur parvulis pueris, esse larvas.*

Zwar handelt es sich beim Wolf nicht wie bei Lamia, Manien etc. um eine Gestalt des Volksglaubens, sondern um eine reale Erscheinung; trotzdem ist die zugrundeliegende (einfache) Geschichte „Vom bösen Wolf“, die das Kind ja irgendwie kennen muß, um sich davor zu fürchten, keine typische Fabel, die das Verhalten bestimmter Tiere als Exemplum für menschliches Verhalten deutet, sondern eine Kinderschreckgeschichte, die auf kindliches Wohlverhalten aus Angst vor Geistern, Ungeheuern etc. abzielt[44]. Zur Fabel wird die äsopische Geschichte erst durch das tatsächliche Auftreten des Wolfes.

In diesen Kontext gehören noch zwei Zeugnisse, die erst auf den zweiten Blick ihren Zusammenhang mit dem Geschichtenerzählen offenbaren: Kallimachos schildert in seinem Artemis-Hymnos u.a., wie die kindliche Göttin mit ihren Gespielinnen, allesamt neunjährige Nymphen, zu Hephaistos und den Kyklopen nach Lipari kommt, um sich ihre Jagdwaffen anfertigen zu lassen. Als die Mädchen beim Anblick der grimmigen Schmiede Angst bekommen, zeigt der Dichter Verständnis und erklärt:

> „Ja, wenn ein Mädchen der Mutter sich ungehorsam erwiesen, ruft die Mutter Kyklopen zu Hilfe gegen ihr Kleines, Steropes oder Arges. Doch aus dem Winkel des Hauses schleicht Hermeias heran, beschmiert mit glänzender Asche, naht, und plötzlich erschreckt er das Mädchen. Dies aber verkriecht sich in den Schoß der Mutter und legt die Hand auf die Augen.“ (Kall., Hym. Art. 66-71; Übersetzung: E. Howald/E. Staiger)[45]

Kallimachos entwirft hier offensichtlich ein Bild von der göttlichen Kinderstube, das nicht nur vermenschlicht (das wäre so nichts Neues), sondern geradezu verbürgerlicht genannt werden kann. Ähnliches findet sich in diesem Hymnos öfter, man denke etwa an Klein-Artemis, wie sie schmeichelnd und bettelnd auf den Knien ihres Papas Zeus sitzt (Kall., Hym. Art. 4 sq.). Ist nun eine kindliche Göttin oder Nymphe unartig, so droht ihr die Mutter mit den Kyklopen, zottigen, einäugigen Riesen, ganz wie dies auch bei „echten“ (= menschlichen) Kindern anzunehmen ist.

---

[44] Cf. Wiedemann 1989, 145 und 170, Anm. 5.

[45] ἀλλ’ ὅτε κουράων τις ἀπειθέα μητέρι τεύχοι, / μήτηρ μὲν Κύκλωπας ἑῇ ἐπὶ παιδὶ καλιστρεῖ, / Ἄργην ἢ Στερόπην· ὃ δὲ δώματος ἐκ μυχάτοιο / ἔρχεται Ἑρμείης σποδιῇ κεχριμένος αἰθῇ· / αὐτίκα τὴν κούρην μορμύσσεται, ἣ δὲ τεκούσης / δύνει ἔσω κόλπους θεμένη ἐπὶ φάεσι χεῖρας.

Aber bei den Göttern bleibt es nicht bei dieser Drohung (bzw. Schreckgeschichte, denn eine solche liegt der Drohung doch zugrunde, man muß den Kindern ja zunächst erzählen, wovor sie Angst haben sollen), sondern Hermes selbst maskiert sich und übernimmt die Rolle des Kinderschrecks. Auffällig ist, daß auch bei den Göttern ebenso wie bei den Menschen die Ungeheuer, Geister etc. *de facto* nicht erscheinen, sondern, wenn überhaupt, ein „normaler" Gott (Mensch) ihre Rolle übernehmen muß[46]. Daß die jungen Nymphen aber trotzdem schon viele Schauergeschichten über die Kyklopen gehört haben, zeigt ihre Angst, als sie diese dann lebendig vor Augen haben, wie der Dichter ausdrücklich erklärt.

Schließlich gewinnt vor dem Hintergrund antiker Kinderschreckgeschichten eine Stelle in Menanders Dyskolos eine Bedeutung, die das Verständnis dieser bisher umstrittenen Passage wesentlich erleichtert. Im 2. Akt der Komödie rühmt Sostratos, der Held des Stückes, seine Angebetete:

> „Sofern ja nicht unter Frauen das Mädchen erzogen wurde, kennt sie von den Schlechtigkeiten des Lebens nichts, wird nicht von einer Tante, von Ammen nicht in Furcht versetzt und wächst ganz frei beim Vater auf..." (Men., Dysk. 384-388; Übersetzung nach K. und U. Treu)[47]

In welcher Weise ein junges Mädchen von Tanten, Ammen oder alten Mütterchen Schlechtes lernen könnte, ist klar: Trunksucht, Schwatzhaftigkeit, Lüsternheit etc. gelten bereits der Alten Komödie als typisch für Frauen[48] bzw. als „Altweiberlaster" schlechthin, und die Neue Komödie nimmt dies bereitwillig auf[49]. Wie alte Frauen aber junge Mädchen in Furcht versetzen können, dürfte aufgrund der soeben besprochenen Zeugnisse deutlich geworden sein:

---

[46] Der unter den Göttern auch sonst oft in dienender Funktion erscheinende Götterbote Hermes (cf. Nilsson 1955, 508) eignet sich als Gott der Diener natürlich ganz besonders dafür, den Knecht Ruprecht zu spielen. Zu Hermes' Rolle als Diener cf. etwa den Prolog von Euripides' Ion, in welchem Hermes sich selbst als δαιμόνων λάτρις vorstellt (Eur., Ion 4), und das Ende von Aristophanes' Plutos, wo der Gott sich als Diener verdingen will und als Probearbeit Kutteln waschen muß (Aristoph., Plut. 1168-1170).

[47] εἰ μὴ γὰρ ἐν γυναιξίν ἐστιν ἡ κόρη / τεθραμμένη μηδ' οἶδε τῶν ἐν τῷ βίῳ / τούτων κακῶν μηδὲν ὑπὸ τηθίδος τινὸς / δεδιττομένη μαίας τ', ἐλευθερίως δέ πως / μετὰ πατρὸς ... - Die folgender Interpretation zugrundeliegende Textgestaltung der Stelle wird in meinem Aufsatz Zu Menander, Dyskolos 387, in: APF 45 (1999) 21-25 gesondert diskutiert und begründet.

[48] Cf. etwa die Thesmophoriazusai des Aristophanes, besonders 372-519 passim.

[49] Cf. Gnilka, Chr., s.v. Greisenalter, in: RAC 12 (1983) 995-1094, hier: 1010 sq. und 1024-1026 mit weiterer Literatur.

Menander zielt auf die gängigen Kinderschreck- bzw. Gruselgeschichten seiner Zeit ab. Wenn Sostratos an seiner Braut rühmt, daß sie solchen Geschichten gerade nicht ausgesetzt war, so tut er dies mithin vom rationalistischen Standpunkt aufgeklärter Kreise aus, der seinen Niederschlag auch bei Platon und Aristoteles gefunden hat[50]. - Besonders plausibel erscheint diese Interpretation, wenn man Menanders peripatetisches Umfeld mit ins Kalkül zieht.

### 4.2.4 Geschichten von Göttern und Heroen

Zwar war in der Antike der Typus der Kinderschreckgeschichte, wie die Quellen gezeigt haben, recht häufig, doch wurden den Kindern natürlich auch „harmlosere" Geschichten zur reinen Unterhaltung erzählt. Welcher Art diese Erzählungen waren, soll in der Folge untersucht werden. Einen wichtigen Platz nehmen hier Götter- und Heroengeschichten ein.

In seiner 411 v. Chr. aufgeführten[51] Komödie Lysistrate läßt Aristophanes als Reaktion auf das Verhalten der Frauen, die sich ihren Männern verweigern, um diese so zur Beendigung des Peloponnesischen Krieges zu zwingen, den Chor der athenischen Greise vom arkadischen Jäger-Heros Melanion, dem Gatten der Atalante und Teilnehmer an der kalydonischen Jagd, singen:

> „Eine Geschichte will ich euch erzählen, die ich einst als Knabe selbst gehört: War einmal ein Jüngling, hieß Melanion..." (Aristoph., Lys. 781-785; Übersetzung nach L. Seeger)[52]

Es folgt ein Bericht von Melanions einsamem Jägerdasein in den Wäldern, das der Chor als Beispiel für Misogynie deutet und als exemplarisch auch für seine eigene Haltung erklärt (Lys. 786-796). Dem entgegnet der Chor der Frauen mit der Geschichte vom allbekannten athenischen Misanthropen Timon, den sie

---

[50] S.u. 4.2.6 mit Anm. 77.

[51] Cf. Henderson in der Einleitung zu seiner kommentierten Edition, p. XV.

[52] μῦθον βούλομαι λέξαι τιν' ὑμῖν, ὅν ποτ' ἤκουσ' αὐτὸς ἔτι παῖς ὤν. οὕτως ἦν νεανίσκος Μελανίων τις ...

nicht als Menschenfeind im allgemeinen, sondern speziell als Männerfeind[53] verstanden wissen wollen (Lys. 805-820).

Die Aussage des Chors der Greise, er habe von Melanion in seiner Kindheit gehört, dient zum einen der Beglaubigung dieses in schlichtem Volkserzählton vorgetragenen Exemplums[54]. Zugleich wird aus dieser Aussage deutlich, daß eindeutig dem Mythos bzw. der Sage zuzuordnende Geschichten wie diese u.a. auch zum typischen Erzählrepertoire für Kinder gehörten. Denn neben ihrem handelnden Personal, dem in der Sage auch sonst öfter genannten und in der bildenden Kunst wiederholt dargestellten Heros Melanion[55], läßt schon allein ihre Verwendung als Exemplum die Geschichte von Melanion als Mythos erscheinen[56].

Heroengeschichten als Erzählstoffe für Kinder kennt auch der Sophist und Literat Philostratos. In seinem Dialog Heroikos schildert er die Begegnung zwischen einem phönizischen Kaufmann und einem einheimischen Weinbauern auf der thrakischen Chersones. Als der Winzer auf das segensreiche Wirken des vor Troia gefallenen und in der Nähe bestatteten und kultisch verehrten griechischen Heros Protesilaos zu sprechen kommt, erklärt der Phönizier, er glaube derlei Geschichten nicht, da er niemanden kenne, der mit eigenen Augen Heroen gesehen habe und so widernatürliche Züge wie ihre angebliche Größe von zehn Ellen bezeugen könne. Auf die Frage des Winzers, wann er denn begonnen habe, nicht mehr an die umlaufenden Heroengeschichten zu glauben, antwortet der Phönizier:

> „Schon lange, Winzer, nämlich als ich noch ein junger Mann war. Als Kind freilich glaubte ich noch an derartige Dinge, und meine Amme unterhielt mich mit Mythen, indem sie mir sie anmutig vortrug und zuweilen auch bei einigen von ihnen weinte..." (Philostr., Her. 7,10)[57]

---

[53] Hierbei handelt es sich, ebenso wie bei der Misogynie des Melanion, zweifelsohne um eine Ad-hoc-Erfindung des Aristophanes: Cf. Wilamowitz ad 781 und ad 802.

[54] Volkstümlich wirken neben der Beglaubigung selbst etwa der formelhafte Eingang, die sprachliche Schlichtheit und der parataktische Satzbau, dem auch die metrische Struktur des Liedes entspricht; cf. Wilamowitz ad 781 und Henderson ad 781-3.

[55] So z.B zusammen mit Atalante auf der Kypselos-Lade im olympischen Heraion (Paus. 5,19,2). Cf. Burckhardt, O., s.v. Milanion, in: RE 15 (1932) 1563-1568.

[56] Cf. Henderson ad 781-828.

[57] Πάλαι, ἀμπελουργέ, κἀν μειρακίῳ ἔτι. παῖς μὲν γὰρ ὢν ἔτι ἐπίστευον τοῖς τοιούτοις, καὶ κατεμυθολόγει με ἡ τίτθη χαριέντως αὐτὰ ἐπᾴδουσα καί τι καὶ κλάουσα ἐπ' ἐνίοις αὐτῶν ...

Vom Wirken des Protesilaos auf der thrakischen Chersones hat der Phönizier allerdings noch nichts gehört, auch wenn er ihn als thessalischen Heros durchaus kennt (Her. 2,7 und 7,11).

Die vorliegende Passage zeigt unzweideutig, daß Geschichten von Heroen in der Antike zum üblichen Erzählschatz von Ammen und Kinderfrauen zählten - daneben nennt Philostratos im selben Kontext noch Großväter und Mütter als Erzähler (Her. 8,1 sq.). Gleichzeitig waren eben diese Heroen zumindest dem einfacheren Volk so präsent, daß ihnen häufig sogar kultische Ehren zuteil wurden[58], so daß sie zweifelsohne als Gestalten des Mythos anzusprechen sind. Angesichts des Wirkens des Protesilaos in der Nähe seines Grabes könnte man in diesem konkreten Fall auch von Lokalsage sprechen[59].

Die Gestaltung vergleichbarer Stoffe bei gleichbleibender Erzählgelegenheit bzw. Erzählern im Gewand der christlichen Heiligenlegende zeigt exemplarisch eine Passage aus Hieronymus' Vita des heiligen Hilarion: Auf der Flucht vor dem Rummel, den begeisterte Verehrer um seine Person machen, kommt der heilige Hilarion u.a. in das dalmatinische Epidaurus. Dort vollbringt er zwei Wunder: Zunächst vernichtet er eine die ganze Gegend verheerende Riesenschlange, indem er sie auf einen Scheiterhaufen zwingt und diesen dann anzündet (Hieron., Hil. 39)[60]; kurz darauf stillt Hilarion einen durch das Erdbeben von 365 n. Chr. hervorgerufenen Seesturm, der die Stadt bedroht (Hil. 40). Nach diesem zweiten Wunder erklärt Hieronymus:

> „Von diesem Ereignis spricht Epidaurus und die ganze dortige Gegend noch heute, die Mütter unterrichten darüber ihre

---

[58] Cf. konkret das Protesilaos-Heiligtum von Elaius, das Philostratos erwähnt (Her. 9,5-7) und bereits Herodot kennt (Hdt. 9,116). In seiner Heimat, dem phthiotischen Phylake, wurde Protesilaos ebenfalls kultisch verehrt: cf. neben Philostr., Her. 16,5 auch Pind., Isthm. 1,58 sq.

[59] Gleiches gilt z.B. auch von der Geschichte der Auffindung eines übermenschlich großen Skeletts im sog. Tumulus des Aias bei Troia zur Zeit des Kaisers Hadrian und dessen anschließender Verehrung, für die der Winzer seinen Großvater als Gewährsmann nennt: Philostr., Her. 8,1 (cf. 8,3-16, wo Philostratos von weiteren ähnlichen Skelettfunden berichtet). Da bereits der Perieget Pausanias unter Berufung auf den Bericht eines Einheimischen die Auffindung der vermeintlichen Gebeine des Aias erwähnt (Paus. 1,35,4 sq.), dürfte es sich in diesem Fall tatsächlich um eine echte Lokaltradition der Troas handeln. - Zu mittelalterlichen Translationsberichten ist es von hier nur noch ein kleiner Schritt.

[60] Derartige Geschichten von der wunderbaren Beschwörung und Vernichtung ganzer Schlangenplagen durch Feuer überliefert die antike Literatur häufiger: cf. Lukian., Philops. 11 und Radermacher 1905, 315 sq. und 1927, 7 sq. mit weiteren Parallelen, die bis in die neuzeitliche Alpensage reichen. - Reitzenstein 1922, 3 sq. spricht hier von Aretalogie.

> Kinder, damit auch sie die Kunde der Nachwelt überliefern." (Hieron., Hil. 40; Übersetzung L. Schade)[61]

Hieraus wird deutlich, wie die Wundertaten bestimmter Heiliger vor christlichem Hintergrund den Platz der Götter- und Heroengeschichten der paganen Mythologie als passende Erzählstoffe für die von Müttern ihren Kinder erzählten Geschichten einnehmen.

Daß Götter- und Heroengeschichten zum typischen Erzählrepertoire der Ammen in der Antike gehörten, zeigt auch eine Bildbeschreibung in Philostratos' Eikones. Dieser beginnt die Schilderung eines Gemäldes, das Theseus, Dionysos und die schlafende Ariadne zeigt, mit folgenden Worten:

> „Daß Theseus an Ariadne übel tat, als er sie auf der Insel Dia schlafend verließ ..., das hast du wohl schon deine Amme erzählen hören; denn in solchen Geschichten sind diese Frauen beschlagen und können darüber weinen, wann sie nur wollen." (Philostr., Eik. 1,15,1; Übersetzung O. Schönberger)[62]

Auch der spätantike Rhetor Libanios kennt die Kinderstube als typischen sozialen Ort mythologischer Geschichten wie der von der Verfolgung der Nymphe Daphne durch Apollon: In seiner Rede für die seinen Unterricht in Antiochien unterstützenden Rhetoren fordert er vom Rat der Stadt eine Aufbesserung ihrer kläglichen Dotierung. Dabei appelliert Libanios u.a. an die -mit Verweis auf den antiochenischen Vorort Daphne und sein berühmtes Apollon-Heiligtum postulierte- traditionelle Musenverbundenheit der Antiochener; dagegen verwirft er die mythologische Deutung des Ortsnamens „Daphne" nach einer eponymen Nymphe und erklärt, man dürfe nicht glauben, Apollon habe tatsächlich

> „eine Nymphe verfolgt, ihren Körper nicht erreicht, aber den Platz lieb gewonnen, denn dies sind Kindergeschichten..." (Lib., or. 31,43)[63]

---

[61] *Hoc Epidaurus et omnis illa regio usque hodie praedicat, matresque docent liberos suos ad memoriam in posteros transmittendam.*

[62] Ὅτι τὴν Ἀρίαδνην ὁ Θησεὺς ἄδικα δρῶν ... κατέλιπεν ἐν Δίᾳ τῇ νήσῳ καθεύδουσαν, τάχα που καὶ τίτθης διακήκοας, σοφαὶ γὰρ ἐκεῖναι τὰ τοιαῦτα καὶ δακρύουσιν ἐπ' αὐτοῖς, ὅταν ἐθέλωσιν.

[63] ... διώκοντα νύμφην ἁμαρτόντα τοῦ σώματος ἀγαπῆσαι τὸν χῶρον, παίδων γὰρ ταῦτα μυθολογήματα ...

Unter „Kindergeschichten“ (παίδων μυθολογήματα) kann man zwar auch im Sinn eines *Genitivus subiectivus* von Kindern untereinander erzählte Geschichten verstehen, natürliche Voraussetzung hierfür ist jedoch das Erzählen solcher Geschichten für Kinder (*Genitivus obiectivus*) - am ehesten von seiten der Ammen, Kinderfrauen und Mütter, wie die bereits besprochenen Testimonien nahelegen. Somit läge ein weiteres Indiz dafür vor, daß in der antiken Kinderstube vor allem Mythologisches erzählt wurde.

In eine ähnliche Richtung weist auch Tertullian: In seiner Schrift gegen die gnostische Sekte der Valentinianer erklärt er, deren Lehre erinnere daran,

> „was man in seiner Kindheit, wenn man nicht einschlafen konnte, von seiner Amme gehört habe, nämlich an die Türme der Lamia und die Kämme des Sol“. (Tert., Adv. Val. 3,3)[64]

Zwar werden die hier angesprochenen Geschichten sonst nirgendwo erwähnt, so daß sich über ihren Inhalt nur Mutmaßungen anstellen lassen[65], doch sind ihre Protagonisten, die als dämonischer Kinderschreck bereits genannte Lamia (s.o. 4.2.2) ebenso wie der gerade in der Spätantike weithin verehrte Sonnengott, ansonsten gut bezeugt. Die Tertullian geläufigen Ammengeschichten dürften demnach am ehesten dem Bereich des zeitgenössischen Volks- und Aberglaubens zuzurechnen sein, mit dem das phantastisch-synkretistische System des Gnostikers Valentinus, das Tertullian durch seinen Vergleich mit Ammengeschichten deklassieren möchte, tatsächlich zahlreiche Berührungspunkte aufzuweisen hat[66].

---

[64] *... so in infantia inter somni difficultates a nutricula audisse, «Lamiae turres» et «Pectines Solis»?*

[65] Fredouille ad loc. denkt an die Flucht eines Helden vor Lamia in einen Turm und die Suche nach wertvollen Dingen, Friedländer 1921, 92 sq. dagegen an die „Burg einer ... kinderfressenden Unholdin“, und Weinreich (ibid., Anm. 1 mit weiterer Literatur) weist auf die „Vorstellung vom Haar der Lichtgottheiten“ hin. Ähnlich wie Friedländer rechnet Scobie 1983, 25 mit Lamia als kinderraubender Hexe, der ihr Opfer, ein Mädchen (!), doch letztlich entkommen könne, da sich diese Geschichte sonst ja nicht als Schlafgeschichte eigne (cf. Scobie 1979, 250). Wer jemals selbst Kindern Geschichten erzählt hat, weiß, wie fragwürdig diese Begründung ist.

[66] Cf. Heinrici, G., Zur Geschichte der Psyche. Eine religionsgeschichtliche Skizze, in: Binder/Merkelbach 1968, 56-86 (zuerst in: Preußische Jahrbücher 90 (1897) 390-417), bes. 79-83. Den polemischen Vergleich gnostischer Lehren mit Altweibergeschichten (γραῶν μῦθοι bzw. γραώδεις μῦθοι) zieht bereits Eirenaios von Lyon, Hair. 1,8,1 (auf den Gnostiker Ptolemaeus bezogen, s.u. 4.2.5) und 1,16,3, allerdings ohne bestimmte Inhalte dieser Altweibergeschichten mitzuteilen. Da Tertullians Adversus Valentinianos dieser Schrift offensichtlich viel verdankt, wird er auch in diesem Punkt von ihr beeinflußt sein. Letztlich gehen die genannten Stellen auf 1. Tim. 4,7 zurück, wo vor einer nicht näher beschriebenen,

Eine Zusammenfassung verschiedener, als typisch für Kindergeschichten bezeichneter Stoffe bietet schließlich Lukian. In seinem satirischen Dialog Philopseudeis (Lügenfreunde) läßt er den Hauptunterredner Tychiades u.a. Kritik an den (vermeintlichen) Lügengeschichten der alten Dichter und Schriftsteller üben. Dabei erklärt er:

> "Ich gestehe, daß ich mich oft für sie (sc. die Dichter und Schriftsteller) schäme, wenn sie uns die Verstümmelung des Uranos, die Fesseln des Prometheus, die Empörung der Giganten und die ganze Tragödie der Unterwelt mit allen Umständen vorerzählen, und wie Zeus aus Liebe den Stier oder Schwan gespielt oder wie diese oder jene aus einem Mädchen in einen Vogel oder in eine Bärin verwandelt worden; nicht von ihren Pegasoi, Chimären, Gorgonen, Kyklopen und anderen dergleichen unglaublichen Wundergeschichtchen zu sagen, die zu nichts taugen, als Kinder, die sich noch vor Mormo und Lamia fürchten, zu belustigen." (Lukian., Philops. 2; Übersetzung nach Chr. M. Wieland)[67]

Die hier von Lukian genannten Geschichten lassen sich grob in drei Kategorien einteilen: Neben einigen für die griechische Mythologie grundlegenden und allseits bekannten Mythen (Sukzessionsmythos: Uranos; Prometheus-Mythos; Gigantenschlacht; Unterwelt) stehen berühmte Verwandlungsgeschichten, die Liebesmetamorphosen des Zeus (Europa; Leda) und Frauenmetamorphosen (Prokne/Philomele; Kallisto); schließlich nennt Lukian noch allerhand sagenhafte Mischwesen, die zum Teil auch im Volksglauben eine Rolle spielen, wie z.B. die Gorgonen.

Von all den erwähnten, unzweifelhaft dem Mythos zuzurechnenden Stoffen erklärt Lukian allerdings, sie seien höchstens für Kindergeschichten geeignet, welche er durch die Nennung des bereits mehrfach erwähnten dämonischen Kinderschrecks Lamia und der ihr verwandten Mormo charakterisiert. So wird, ebenso wie bei den oben besprochenen Testimonien, auch hier deutlich, daß in

---

jedoch als γραώδεις μῦθοι bezeichneten Irrlehre gewarnt wird, die sowohl Eirenaios als auch Tertullian offenbar mit einer Form der Gnosis gleichsetzten: Stählin 1942, 789 sq.; cf. 793 sq.

[67] ἐμοὶ γοῦν πολλάκις αἰδεῖσθαι ὑπὲρ αὐτῶν ἔπεισιν, ὁπόταν Οὐρανοῦ τομὴν καὶ Προμηθέως δεσμὰ διηγῶνται καὶ Γιγάντων ἐπανάστασιν καὶ τὴν ἐν Ἅιδου πᾶσαν τραγῳδίαν, καὶ ὡς δι' ἔρωτα ὁ Ζεὺς ταῦρος ἢ κύκνος ἐγένετο καὶ ὡς ἐκ γυναικός τις ἐς ὄρνεον ἢ ἐς ἄρκτον μετέπεσεν, ἔτι δὲ Πηγάσους καὶ Χιμαίρας καὶ Γοργόνας καὶ Κύκλωπας καὶ ὅσα τοιαῦτα, πάνυ ἀλλόκοτα καὶ τεράστια μυθίδια παίδων ψυχὰς κηλεῖν δυνάμενα ἔτι τὴν Μορμὼ καὶ τὴν Λαμίαν δεδιότων.

der Antike zwischen Kindergeschichten und traditionellen Mythen grundsätzlich kein Unterschied gemacht wurde.

### 4.2.5 Phantastisches / Adynata als Stoff für Kindergeschichten?

In der bereits oben (4.2.4) erwähnten Schrift gegen die Valentinianer spricht Tertullian noch einmal von Kindergeschichten, wiederum in polemischer Absicht. Um die Phantastik der Schöpfungslehre des Gnostikers Ptolemaeus zu unterstreichen, bemerkt Tertullian:

> „Ptolemaeus hatte die Kindergeschichten lebendig im Gedächtnis, im Meer wachse Obst und auf einem Baum Fische." (Tert., Adv. Val. 20,3)[68]

Friedländer interpretierte dies als Reminiszenzen von „Märchen von unmöglichen Dingen"[69], doch ist hier eher mit der Verwendung des in der Antike weit verbreiteten rhetorischen Topos des Adynaton zu rechnen[70], den Tertullian plakativ mit dem zu den sprichwörtlichen „Altweibergeschichten"[71] komplementären Begriff „Kindergeschichten" (*puerilia dicibula*; zum griechische Pendant παίδων μυθολογήματα bei Lib., or. 31,43 s.o. 4.2.4) verbindet, um somit die Lehren des Ptolemaeus zu diskreditieren.

Ähnlich unglaubliche Geschichten vergleicht auch der Rhetor Ailios Aristeides mit Schlafgeschichten für Kinder. In seiner Rede über die Nilschwelle (36 Keil) polemisiert er gegen verschiedene ältere Erklärungen dieses Phänomens. Als Aristeides auf die Theorien des Geographen Euthymenes von Massalia (um 500 v. Chr.) zu sprechen kommt, erscheinen ihm diese so abstrus, daß er erklärt:

> „Aber ich glaube, es ist besser, derartige Reden und Erzählungen den Ammen zu überlassen, damit sie sie ihren Kindern erzählen, wenn sie schlafen sollen: ein Süßwassermeer,

[68] *Satis meminerat Ptolemaeus puerilium dicibulorum, in mari poma nasci et in arbore pisces.*

[69] Friedländer 1921, 92.

[70] So Fredouille ad loc. mit weiteren Belegen und Literatur; cf. Hommel, H., s.v. Adynaton, in: LAW (1965) 22.

[71] Cf. Otto 1890, 28 (s.v. anus).

> Flußpferde, ein Meer, das in einen Fluß mündet, und sonstige Schlafmittel dieser Art." (Ail. Arist., or. 36,96 Keil)[72]

Wie bei der soeben besprochenen Tertullian-Stelle hat man auch hier an Märchenreminiszenzen gedacht[73]; tatsächlich handelt es sich jedoch um Einzelheiten, die dem einzig erhaltenen, aber verhältnismäßig oft zitierten Fragment von Euthymenes' Periplus angehören (cf. FHG 4, 408). Allein Aristeides mag diese Details als allzu unglaublich und phantastisch unter die typischen Adynata gerechnet haben, was er durch den polemischen Vergleich mit den sprichwörtlichen „Ammenmärchen" unterstreicht[74]. Ein Rückschluß auf den Stoff echter Kindergeschichten ist demnach weder aus dieser Stelle, noch aus der vorgenannten aus Tertullian zu ziehen.

### 4.2.6 Zwei Stellungnahmen zur Mythenerzählung (für Kinder): Platon und Strabon

Angesichts der Tatsache, daß der Stoff der weit überwiegenden Anzahl der heute noch greifbaren antiken Kindergeschichten, wie soeben angedeutet, dem Bereich des Mythos zuzurechnen ist, verwundert es nicht, daß im Zuge der Beschäftigung der Philosophie mit dem Mythos bald auch von philosophischer Seite zu diesen Erzählstoffen Stellung genommen wurde. Die allgemeine Mythenkritik der Vorsokratiker[75] läßt allerdings noch kein gesondertes Eingehen auf Erzählungen für Kinder erkennen. Daß eine Diskussion hierüber dennoch schon vor Platon, womöglich in sophistischem Umfeld, stattgefunden hat, macht das oben (4.2.2) besprochene Fragment aus Euripides' Hypsipyle (frg. 1 II, 11-16 Bond = c. 196-201 Cockle) wahrscheinlich, welches somit als

---

[72] ἀλλ' οἶμαι τοὺς μὲν τοιούτους λόγους καὶ μύθους ταῖς τίτθαις ἄμεινον παριέναι τοῖς παιδαρίοις, ἐπειδὰν ὕπνου δέηται, διηγεῖσθαι, θάλαττάν τινα γλυκεῖαν καὶ ἵππους ποταμίους καὶ ῥέουσαν τὴν θάλατταν εἰς τὸν παταμὸν καὶ τὰ τοιαῦτα ὕπνου φάρμακα.

[73] Friedländer 1921, 92.

[74] Cf. Massaro 1977, 123 mit Anm. 2, der die beiden genannten Passagen aus Ailios Aristeides und Tertullian ebenfalls nebeneinander stellt und den sprichwörtlichen Charakter der Bezugnahme auf „Kindergeschichten" und „Ammenmärchen" hervorhebt, allerdings ohne Aristeides' Bezug auf Euthymenes zu beachten.

[75] Der Mythos wurde ca. seit der 2. Hälfte des 6. Jahrhunderts v. Chr. für die Philosophie zunehmend problematisch. An der Spitze der Kritiker standen Xenophanes und Heraklit, cf. Graf 1997, 170 sq.

vielleicht frühester Reflex einer (bereits popularisierten) philosophischen Reflexion über für Kinder geeignete Erzählstoffe gelten kann. Ein weiteres, allerdings späteres und eher indirektes Zeugnis dieser Diskussion, das ebenfalls der Bühnendichtung angehört, haben wir mit Men., Dysk. 387 kennengelernt (s.o. 4.2.3).

Die erste ausführliche Erörterung der Frage, ob die Kindern traditionell erzählten Geschichten der rechten Erziehung zuträglich seien bzw. von welcher Art diese Geschichten überhaupt sein sollten, bietet Platon: Im zweiten Buch seiner Politeia kommt er u.a. auf die Erziehung der (künftigen) Wächter zu sprechen. Hierbei mißt Platon der frühkindlichen Erziehung besondere Bedeutung bei (Plat., Pol. 377 ab)[76], in welcher traditionell das Geschichtenerzählen eine wichtige Rolle spielt (Pol. 376 e). Um die Verankerung in solchen Kindergeschichten transportierter falscher Vorstellungen in den kindlichen Seelen zu vermeiden, fordert Platon folgerichtig, Aufsicht über die Schöpfer derartiger Geschichten (μυθοποιοί) zu führen (Pol. 377 bc)[77]. So dürfen nur die für gut befundenen Geschichten dann auch in der Kindererziehung verwendet werden:

> „Die zugelassenen (sc. Geschichten) aber wollen wir Kinderfrauen und Mütter überreden den Kindern zu erzählen..." (Plat., Pol. 377 c; Übersetzung hier und in der Folge nach F. Schleiermacher)[78]

Neben den zuletzt genannten Erzählerinnen spricht Platon im Fortgang des Textes auch noch im allgemeinen von Greisen und Greisinnen als möglichen Erzählern von Kindergeschichten (Pol. 378 d).

Doch anstatt nun die Stoffe dieser Kindergeschichten als solche direkt anzusprechen, wendet sich Platon, getreu seinem Prinzip, vom Größeren ausgehend

---

[76] „Nun weißt du doch wohl, daß der Anfang eines jeden Geschäftes das wichtigste ist, zumal bei irgendeinem jungen und zarten Wesen. Denn da wird es vornehmlich gebildet und das Gepräge angelegt, welches man jedem einzeichnen will." (Übersetzung nach F. Schleiermacher) Cf. auch Plat., Pol. 378 de und Gigon 1976, 197 sq. - Der hier ausgedrückte Gedanke bildet etwa auch die Grundlage der oben (4.2.1) besprochenen Passagen aus Ps.-Plut., Paid. 5,3 ef und Tac., Dial. 29.

[77] Diese Forderung nimmt auch Aristoteles, Pol. 7,17,1336 a 30-32 auf und will sogar besondere Beamte (παιδονόμοι) einsetzen, denen die Aufsicht über die Kindern zu erzählenden Geschichten obliegt.

[78] Τοὺς δ' ἐγκριθέντας πείσομεν τὰς τροφούς τε καὶ μητέρας λέγειν τοῖς παισίν ...

das Kleinere zu exemplifizieren[79], dem Stoff der großen homerischen und hesiodeischen Dichtungen zu:

> „An den größeren Geschichten ... können wir auch die kleineren beurteilen. Denn größere und kleinere müssen dasselbe Gepräge und dieselbe Wirkung haben.“ (Plat., Pol. 377 cd)[80]

Außerdem erreicht Platon durch den Schwenk von den Kindern erzählten Geschichten auf die Mythen der großen Literatur zugleich eine Ausweitung der Gültigkeit seiner Überlegungen auf den gesamten Komplex des Mythenerzählens[81].

Nun folgt ein Katalog verschiedener, von Platon abgelehnter mythologischer Geschichten aus Homer und Hesiod (Pol. 377 e - 378 d). Diese Aufzählung läßt sich grob in drei Teile untergliedern[82]: An der Spitze steht der Sukzessionsmythos von Uranos, Kronos und Zeus; darauf folgen Gigantomachie und Kämpfe und Feindschaften der Götter bzw. Heroen untereinander. Den Abschluß bilden verschiedene besonders anstößige Göttergeschichten aus Homer und dem epischen Kyklos, zu denen Platon bereits allegorische Interpretationen kennt[83]: Die Fesselung der Hera durch Hephaistos, dessen Sturz vom Olymp, als er versuchte, seiner von Zeus geschlagenen Mutter beizustehen, und schließlich noch einmal jedwede Art von Theomachie.

Der Grund für die strikte Ablehnung dieser Geschichten liegt aber weniger in ihrer für Platon evidenten Unwahrheit (Pol. 377 de) - im Falle des hesiodeischen Sukzessionsmythos rechnet er sogar mit der Möglichkeit der Wahrheit dieser Geschichte, will sie aber trotzdem, wenn überhaupt, nur möglichst wenigen erzählt wissen (Pol. 378 a); vielmehr ist sich Platon der besonderen Kraft von Mythen als Handlungsvorbilder bewußt[84] und fürchtet deshalb ihren

---

[79] Dieses methodische Prinzip liegt ja auch dem Werk als ganzem zugrunde, das von der staatlichen Gerechtigkeit ausgeht, um sich so dem Wesen der Gerechtigkeit des Individuums zu nähern. Cf. Pol. 368 d - 369 a, besonders 369 a: „Wenn ihr also wollt, so untersuchen wir zuerst an den Staaten, was sie (sc. die Gerechtigkeit) wohl ist, und dann wollen wir sie so auch an den Einzelnen betrachten, indem wir an der Gestalt des Kleineren die Ähnlichkeit mit dem Größeren aufsuchen.“ - Cf. Murray ad 377 c7-d1 und Gigon 1976, 198 sq.

[80] Ἐν τοῖς μείζοσιν ... μύθοις ὀψόμεθα καὶ τοὺς ἐλάττους· δεῖ γὰρ δὴ τὸν αὐτὸν τύπον εἶναι καὶ ταὐτὸν δύνασθαι τούς τε μείζους καὶ τοὺς ἐλάττους.

[81] Cf. Halliwell 1997, 316 sq.

[82] Cf. Gigon 1976, 200-203.

[83] Dies ergibt sich aus Pol. 378 d: „...mag nun ein verborgener Sinn daruntersteckеn (sc. unter diesen Geschichten) oder auch keiner.“

[84] Halliwell 1997, 320 spricht hier von der normativen Wahrheit des Mythos, die die narrative Wahrheit durchaus nicht zur Voraussetzung hat.

Mißbrauch (Pol. 378 bc)[85]. Doch anstatt konkrete Beispiele für die im Idealstaat zugelassene und erwünschte Art der Mythenerzählung und -gestaltung zu entwerfen, wie dies der Unterredner Adeimantos auch prompt fordert (Pol. 378 e), formuliert Platon nun die Prinzipien seiner Theologie und ihre Konsequenzen für das Reden von Gott (Pol. 379 a - 383 c)[86].

Die hier kurz angesprochenen Ausführungen Platons sind für die Fragestellung vorliegender Untersuchung in zweifacher Hinsicht wichtig: Zum einen fällt ins Auge, daß Platon keine grundsätzliche Unterscheidung zwischen literarischer (poetischer) Mythenerzählung und häuslicher (mündlicher) Mythenerzählung für Kinder macht[87]. Wollte man ihm hierin folgen, erwiese sich die ganze Vielfalt der antiken Mythologie gleichzeitig auch als Reservoir typischer Kinder-„Märchen" der Antike. Außerdem betrachtet Platon Kinder und Jugendliche als selbstverständliche Rezipienten auch literarisch gestalteter Mythenerzählung (cf. Pol. 378 b und de), sei es auf direktem oder indirektem Wege[88].

Der übliche Weg der Mythenrezeption durch Kinder in der Antike verläuft nach Platon, Pol. 377 bc demnach vom μυθοποιός, der einen (literarischen) Mythos erschafft oder gestaltet, über Kinderfrauen und Mütter, Greisinnen und Greise als Erzähler zu den Kindern und Jugendlichen als Zuhörern[89]. Platon richtet sich jedoch keineswegs grundsätzlich gegen diese von ihm als real vorausgesetzte Form der Weitergabe von Mythen, sondern seine Kritik setzt bei der inhaltlichen Gestaltung dieser Mythen an, die er aus diesem Grund auch staatlich reglementiert wissen möchte.

Der Geograph Strabon unterscheidet ebenfalls nicht grundsätzlich zwischen (mündlicher) Mythenerzählung für Kinder und (literarischer) Mythenerzählung für Erwachsene, sondern sieht den Komplex des Mythos als Einheit. Im Gegensatz zu Platon verteidigt er jedoch in den Prolegomena zu seiner Geographie den Mythos in seiner traditionellen Form mit dem Hinweis auf seine didaktische Funktion, die sich gleichermaßen auf Erwachsene wie auf Kinder

---

[85] Ein gutes Beispiel für einen solchen Mißbrauch des Sukzessionsmythos bietet etwa der platonische Euthyphron, der mit Verweis auf diesen Mythos sein gerichtliches Vorgehen gegen seinen eigenen Vater zu rechtfertigen sucht (Plat., Euthyphr. 5 e - 6 a); cf. Murray ad 378 a1-2 und Gigon 1976, 201.

[86] Cf. Gigon 1976, 204.

[87] Cf. Graf 1997, 10.

[88] Die Antike kannte ja keine ausgesprochenen Kinder- oder Jugendbücher; cf. Scobie 1983, 28.

[89] Daneben ist natürlich ab Eintritt des Schulalters mit durch die Schullektüre vermittelter direkter Rezeption literarischer Mythen zu rechnen; cf. Beck 1964, 117-122.

erstrecke: Mythen könnten einerseits zu bestimmtem Verhalten aufmuntern und andererseits von bestimmtem Verhalten abschrecken.

Für jede dieser beiden Kategorien bringt Strabon auch konkrete Beispiele: Zur Illustration dessen, was unter typischen Kinderschreckgeschichten zu verstehen sei, nennt er verschiedene, zum Teil bereits weiter oben angesprochene dämonische Kinderschreckgestalten:

> „Lamia ist nämlich eine Geschichte und Gorgo und Ephialtes und Mormolyke." (Strab., Geogr. 1,2,8)[90]

Aufmunternde μῦθοι für Erwachsene dagegen handeln nach Strabon etwa in dichterischer Form von den Heldentaten eines Herakles oder Theseus. Hier spricht Strabon auch ausdrücklich davon, daß Mythendarstellungen der bildenden Kunst die gleiche Wirkung erzielen können wie jede Art von (sprachlich vermittelter) Mythenerzählung. Abschreckende Geschichten für Erwachsene wiederum schilderten etwa Bestrafungen durch die Götter u.ä. Überhaupt seien die aus Dichtung wie bildender Kunst bekannten göttlichen Attribute:

> „...Donnerkeil, Aigis, Dreizack, Fackeln, Schlangen und Thyrsoslanzen..."

und gleichzeitig natürlich die mit ihnen verbundenen Geschichten, kurz:

> „die ganze altertümliche Theologie" (Strab., Geogr. 1,2,8)[91]

von alters her funktionalisiert worden, um die breite Masse zu größerem Wohlverhalten anzuleiten. Somit habe die auf ein breites Publikum ausgerichtete poetische und dramatische Mythenerzählung auch historisch den Vorrang vor Historiographie und Philosophie, die jeweils nur von einem engen Kreis Gebildeter rezipiert würden.

Insgesamt betrachtet Strabon mithin -wie Platon vor ihm- die Mythenerzählung für Kinder und die für Erwachsene als funktionsgleich. Doch während Platon auch in der Form keine Unterscheidung trifft, differenziert Strabon hier sehr wohl: Die Dichter gelten ihm als die typischen Mythenerzähler der Erwachsenen, sie gestalten ihre Mythenerzählung in poetischer oder dramatischer Form. Dagegen erscheint schlichte Prosa als das adäquate Medium (häuslicher)

---

[90] ἡ γὰρ Λάμια μῦθός ἐστι καὶ ἡ Γοργὼ καὶ ὁ Ἐφιάλτης καὶ ἡ Μορμολύκη.

[91] κεραυνὸς γὰρ καὶ αἰγὶς καὶ τρίαινα καὶ λαμπάδες καὶ δράκοντες καὶ θυρσόλογχα ... ὅπλα ... καὶ πᾶσα θεολογία ἀρχαϊκή ...

Mythenerzählung für Kinder. Zusätzlich bezieht Strabon noch die in der antiken Welt so gut wie omnipräsenten Mythendarstellungen der bildenden Kunst in seine Überlegungen mit ein und stellt diese der sprachlich vermittelten Mythenerzählung als funktionsgleich gleichberechtigt zur Seite.

## 4.3 Erzählungen von Frauen untereinander: antike „Spinnstubengeschichten"

### 4.3.1 Erzählerinnen und Erzählgelegenheit

Neben dem Geschichtenerzählen bei der Betreuung und Erziehung von Kindern schildert die antike Literatur wiederholt noch einen weiteren, in der Neuzeit als märchentypisch geltenden Erzählkontext: das Geschichtenerzählen von vornehmlich zu gemeinsamer Handarbeit versammelten Frauen[92]. Nach Ausweis der Quellen wurde auch hier vor allem in häuslicher Umgebung erzählt, als Erzählabsicht lassen sich unschwer Unterhaltung und Ablenkung von der Monotonie der Handarbeit bestimmen. Auch Erzählungen alter Frauen, die zwar nicht explizit in die „Spinnstube" verlegt werden, deren Zuhörerkreis jedoch keine Kinder bilden, sollen in diesem Kontext mitbehandelt werden.

Bereits die Odyssee erwähnt das Singen zur eintönigen Arbeit am Webstuhl: Sowohl Kalypso (Od. 5,61 sq.) als auch Kirke (Od. 10,221 sq. und 226 sq.) vertreiben sich durch Gesang die Zeit beim Weben. Da sie beide ohne Gegenüber jeweils für sich allein arbeiten, wäre das hier genauso gut vorstellbare Geschichtenerzählen in ihrem Fall sinnlos. Anders ist dies bei den Frauen von Lemnos, deren die gemeinsame Webarbeit begleitende παραμύθια die euripideische Hypsipyle in der oben (4.2.2) bereits besprochenen Passage ausdrücklich als für Kinder ungeeignet zurückweist (Eur., Hyps. frg. 1 II, 11-13 Bond = c. 196-198 Cockle).

Das Geschichtenerzählen in der „Spinnstube" bezeugt etwa der Elegiker Tibull auch für Rom: Auf einer Reise im Gefolge seines Gönners Messalla erkrankt, bittet er aus der Ferne seine zu Hause zurückgebliebene Geliebte:

---

[92] Diese Erzählgelegenheit streift Scobie 1983, 16 sq. nur mit einigen knappen Bemerkungen, ohne auf die Testimonien, die in doch nicht so geringer Zahl überliefert sind, wie er glaubt, näher einzugehen.

> „Dich aber bitt' ich: Bewahr' dich mir rein! Als der heiligen Keuschheit sorgliche Hüterin sei immer die Alte dir nah! Geschichten erzähle sie dir und lasse beim Scheine der Lampe lange Gespinste von Garn schnurren vom Rocken herab! Festgebannt bei reichlicher Arbeit sei die Geliebte, bis sie allmählich dem Schlaf müde das Werk überläßt!" (Tib. 1,3,83-88; Übersetzung nach W. Willige)[93]

Was die Alte (*anus*), bei der es sich um die ehemalige Amme der inzwischen erwachsenen Delia handeln dürfte, hier allerdings genau erzählt, bleibt völlig im unklaren. Doch gibt es auch für den Inhalt dieser antiken „Spinnstubengeschichten" eine Reihe von Zeugnissen, die wiederum bis ins 5. Jahrhundert v. Chr. zurückreichen.

### 4.3.2 Geschichten von Göttern und Heroen: Herakles und Verwandtes

Den Anfang macht auch hier Euripides: In der Parodos seiner etwa 414/13 v. Chr. aufgeführten Tragödie Ion[94] schildert er die Ankunft der zusammen mit ihrer Herrin Kreusa von Athen gekommenen Dienerinnen in Delphi. Als sich die Mädchen dem großen Apollon-Tempel nähern, bestaunen sie den reichen Bauschmuck. Im einzelnen können sie Herakles und Iolaos im Kampf mit der Lernäischen Hydra (Eur., Ion 190-196), Bellerophontes' Kampf mit der Chimaira (Ion 201-204) und Athene, Zeus und Dionysos im Kampf mit verschiedenen Giganten (Ion 205-218) erkennen. Wie den Mädchen die Identifizierung dieser Szenen gelingt, wird aus ihrer Bemerkung über Herakles' Gefährten Iolaos deutlich:

> „Und nahe bei ihm (sc. Herakles) schwingt ein andrer die lodernde Fackel - wohl er, von dem wir erzählen, wenn wir mit Weben beschäftigt, der Träger des Schildes, Iolaos, der vereint mit dem Sohne des Zeus die Gefahren besteht?" (Eur.,

---

[93] *at tu casta precor maneas, sanctique pudoris / adsideat custos sedula semper anus. / haec tibi fabellas referat positaque lucerna / deducat plena stamina longa colu, / at circa gravibus pensis adfixa puella / paulatim somno fessa remittat opus.*

[94] Cf. Lesky 1972, 426.

> Ion 194-200; Übersetzung hier und in der Folge (nach) D. Ebener)[95]

Im Ion findet sich noch ein weiterer Hinweis auf die im Hause der Kreusa erzählten „Spinnstubengeschichten“: Im ersten Stasimon der Tragödie fleht der Chor zu Athene und Artemis um Nachkommen für Kreusa (Ion 452-471) und preist das Glück des Kindersegens im allgemeinen (Ion 472-491), um dann in der Epode der traurigen Aussetzung des kleinen Ion, der aus der gewaltsamen Verbindung des Apollon mit Kreusa hervorgegangen war, zu gedenken (Ion 492-506). Dieses schwere Schicksal verwundert den Chor jedoch nicht weiter; denn er erklärt:

> „Ich hörte es niemals beim Weben, ich hörte es nie in Gesprächen, daß Kinder von Göttern, von sterblichen Müttern geboren, am Glück sich des Lebens erfreut.“ (Eur., Ion 506-509)[96]

Wilamowitz hat beide Stellen wie selbstverständlich als Reminiszenzen des antiken Märchenerzählens gedeutet[97], ist allerdings bei der zweiten Stelle, die vom regelmäßig unglücklichen Los der aus Verbindungen zwischen Göttern und Menschen hervorgegangenen Kindern spricht, ein wenig stutzig geworden[98]. Und in der Tat kann von Märchen im eigentlichen Sinn hier überhaupt keine Rede sein; denn die den Dienerinnen der Kreusa aus den Erzählungen beim gemeinsamen Weben geläufigen Geschichten gehören in Wirklichkeit alle ohne Ausnahme dem Bereich des Mythos an. Für die Gigantenschlacht versteht sich dies von selbst, und auch die Erzählungen von Halbgöttern (zu denen ja auch Herakles zählt) bzw. Heroen sind als Heldensagen vom Bereich des Mythos nicht sauber zu trennen, da in der Antike Sage und Mythos eine eng verzahnte Einheit bilden (s.o. 1.2.1).

Verbindungen von Göttern und Menschen bzw. das Schicksal der aus diesen Verbindungen hervorgegangenen Kinder und die damit zusammenhängenden

---

[95] καὶ πέλας ἄλλος αὐτοῦ πανὸν πυρίφλεκτον αἴρει τις - ἆρ' ὃς ἐμαῖσι μυθεύεται παρὰ πήναις, ἀσπιστὰς Ἰόλαος, ὃς κοινοὺς αἰρόμενος πόνους Δίῳ παιδὶ συναντλεῖ;

[96] οὔτ' ἐπὶ κερκίσιν οὔτε λόγοις φάτιν ἄιον εὐτυχίας μετέχειν θεόθεν τέκνα θνατοῖς.

[97] Wilamowitz ad Eur., Ion 190: „Die Sklavin überlegt die Deutung (sc. der dargestellten Szenen); sie kennt die Geschichte aus der Spinn- oder vielmehr Webstube, wo sie sich Märchen erzählen, ebenso 506.“

[98] Wilamowitz ad Eur., Ion 492: „Der Schluß befremdet etwas: daß es Götterkindern schlecht geht, widerspricht den Märchen, die vielmehr nach vielen Fährlichkeiten zu gutem Ende führen.“

Mythen erwähnt Euripides noch ein weiteres Mal als Gesprächsstoff der „Spinnstube“. Im zweiten Stasimon seines Spätwerkes Iphigenie in Aulis läßt der Dichter die Frauen von Chalkis den erst noch bevorstehenden Troianischen Krieg in Gedanken bereits vorwegnehmen[99]: Die Überfahrt der Griechen, die Blicke der Troer von den Mauern ihrer Stadt, Kampf und Krieg, schließlich die Eroberung Troias und das Leid der Überlebenden (Iph. Aul. 751-783).

Nie möchten die Frauen von Chalkis ein so schlimmes Schicksal befürchten müssen, wie es sich ihrer Meinung nach die Frauen von Troia in ihren Gesprächen am Webstuhl in Kürze ausmalen weden:

> „Nie möge mich, meine Kinder und Enkel, eine Ahnung beschleichen, wie bald die goldgeschmückten lydischen Frauen und Gattinnen phrygischer Helden sie hegen, wenn zueinander am Webstuhl sie sprechen.“ (Eur., Iph. Aul. 784-789)[100]

Es folgt nun das Gespräch der Troerinnen, wie es sich der Chor der Frauen von Chalkis vorstellt:

> „Wer wird mich packen und zerren am lockigen Haar, unter strömenden Tränen, und wird mich, im Sturz meiner Heimatstadt, pflücken wie eine Blume? Du trägst die Schuld, du, die Tochter des langhalsigen Schwanes, -mag es wahr sein, was man erzählt: Daß Leda sich in Liebe verbunden dem Vogel, der zu ihr flog, damals, als Zeus sich verwandelt- mögen Fabeln pierischer Schriften nur das Gerücht in die Welt gesetzt haben zur Unzeit, zu Unrecht.“ (Eur., Iph. Aul. 790-800)[101]

Die Unterhaltung der Frauen in der troischen „Spinnstube“ geht gemäß der Vorstellung des Chores demnach von der bangen Erwartung des schlimmen Schicksals der Besiegten über die Frage, wer eigentlich schuld an alledem sei, zum (hier nur kurz angedeuteten) Mythos von der Verbindung der Leda mit dem in einen Schwan verwandelten Zeus, aus der ja die Heroine Helena, der Anlaß des Krieges, hervorgegangen sein soll.

---

[99] Zu diesem Stasimon insgesamt cf. Panagl 1971, 194-207 und Nordheider 1980, 93-98.

[100] μήτ' ἐμοὶ μήτ' ἐμοῖσι τέκνων τέκνοις ἐλπὶς ἅδε ποτ' ἔλθοι, οἵαν αἱ πολύχρυσοι Λυδαὶ καὶ Φρυγῶν ἄλοχοι στήσουσι παρ' ἱστοῖς μυθεῦσαι τάδ' ἐς ἀλλήλας·

[101] Τίς ἄρα μ' εὐπλοκάμου κόμας ῥῦμα δακρυόεν τανύσας πατρίδος ὀλλυμένας ἀπολωτιεῖ; διὰ σέ, τὰν κύκνου δολιχαύχενος γόνον, εἰ δὴ φάτις ἔτυμος ὡς ἔτυχεν Λήδα <μιγεῖσ'> ὄρνιθι πταμένῳ Διὸς ὅτ' ἠλλάχθη δέμας, εἴτ' ἐν δέλτοις Πιερίσιν μῦθοι τάδ' ἐς ἀνθρώπους ἤνεγκαν παρὰ καιρὸν ἄλλως.

Indem die Troerinnen Zeus' Vaterschaft nun aber in Zweifel ziehen und sogar auf die Möglichkeit hinweisen, daß es sich dabei um reine Dichtererfindung („pierische Schriften") handeln könnte, wollen sie weniger rationalistische Mythenkritik üben, als vielmehr die ihnen als Anlaß des bevorstehenden Krieges verhaßte Helena als Frau von zweifelhafter Abkunft diskreditieren[102]. Da gerade aufgrund dieser Funktion die von Helena handelnden Verse 793-800 für die Troerinnen besonders gut motiviert sind, während der Chor der Frauen von Chalkis, wenn er in eigener Person spricht, Helena explizit als Tochter des Zeus bezeichnet (so in 781), darf die zuweilen umstrittene Zugehörigkeit dieser Verse zu der vom Chor imaginierten Rede der Troerinnen[103] als gesichert gelten. Somit ergibt sich ein weiterer Hinweis auf Mythenerzählung (konkret: Verbindungen von Göttern und Menschen wie die der Leda mit dem Zeus-Schwan[104]) in der griechischen bzw. der von Griechinnen erdachten troianischen „Spinnstube".

Daneben läßt sich aber auch der erste Teil der „Spinnstuben-" Unterhaltung der Frauen von Troia, die Erwartung ihrer Versklavung nach der Zerstörung ihrer Heimatstadt, ebenso wie die Vorwegnahme des Troianischen Krieges in seiner Gänze durch den Chor als eine Art von Mythenerzählung verstehen. Allerdings hat sich zur Zeit der Handlung des Dramas das angesprochene mythische Geschehen noch nicht ereignet, so daß man gewissermaßen von Mythenerzählung *ex ante* sprechen kann[105].

Ähnlich wie in Euripides' Ion (s.o.) erscheinen Herakles-Geschichten auch bei Platon wiederum als typischer Erzählstoff von Frauen: In der Einleitung zu seinem Dialog Lysis läßt er Ktesippos, einen der Unterredner, von der Liebe des Hippothales zu dem schönen Knaben Lysis berichten. Diese äußere sich u.a. im Verfassen preisender Gedichte und Reden auf seinen Liebling. Den Inhalt dieser Lobeshymnen bildeten nach Ktesippos' Aussage Reichtum,

---

[102] Cf. Hose 1991, 94 mit Anm. 18. - In ähnlicher Weise setzen auch in Euripides' Bakchen die Schwestern der Semele Dionysos herab, indem sie die Verbindung seiner Mutter Semele mit Zeus anzweifeln und somit seine göttliche Herkunft in Frage stellen (Eur., Bakch. 26-31).

[103] Für die Zugehörigkeit der Verse 793-800 zur Rede der Troerinnen entscheiden sich etwa Ebener in seiner Übersetzung der Stelle (1980) und Hose 1991, 94. Dagegen lassen z.B. Panagl 1971, 200 und Nordheider 1980, 96 die Rede der Troerinnen bereits mit 792 enden und schreiben die folgenden Verse wiederum direkt dem Chor der Frauen von Chalkis zu.

[104] Bei Lukian., Philops. 2 erscheint dieses Sujet dann unter den typischen Stoffen für Kindergeschichten (s.o. 4.2.4).

[105] Cf. Hose 1991, 94 sq. mit weiteren Beispielen für euripideische Chorlieder mit „antizipatorischem Charakter", die den im jeweiligen Drama aktualisierten Mythos in die Zukunft erweitern.

Prestige und Erfolge der Vorfahren des Lysis. Hierzu zähle auch die dem mythischen Helden Herakles gewährte Gastfreundschaft sowie die Abstammung der Familie von Zeus:

> „Denn die Bewirtung des Herakles schilderte er (sc. Hippothales) uns neulich in, ich weiß nicht, was für einem Gedichte, wie nämlich wegen Verwandtschaft mit dem Herakles ihr (sc. der Familie des Lysis) Ahnherr den Herakles aufgenommen, selbst auch vom Zeus erzeugt mit der Tochter des Namenspatrons jenes Demos, kurz, was die alten Mütterchen singen und viel anderes dergleichen." (Plat., Lys. 205 cd; Übersetzung F. Schleiermacher)[106]

Bezeichnend ist die auch hier feststellbare Verbindung von Geschichten über Herakles und daneben über eines von Zeus' amourösen Abenteuern mit einer Sterblichen und den Erzählungen alter Frauen, mag es sich hierbei um echte „Spinnstubengeschichten" oder auch um Kindergeschichten handeln[107].

Noch ein weiterer Beleg kennzeichnet Geschichten von Herakles explizit als typische Begleiterzählungen der Frauen zur abendlichen Wollarbeit: In seinem Epyllion Herakliskos handelt Theokrit über Kindheit und Jugend des Heros. Die Erzählung setzt mit der ersten „Tat" des gerade zehn Monate alten Heldenkindes ein. Hera sendet eines Nachts zwei Schlangen in den thebanischen Palast des Amphitryon, die ihren verhaßten Stiefsohn töten sollen. Doch Klein-Herakles setzt sich tapfer zur Wehr und erwürgt seinerseits die Schlangen. Alkmene ist über diese Tat ihres kleinen Sohnes so erstaunt, daß sie gleich bei Tagesanbruch den Seher Teiresias rufen läßt, um ihn über die Bedeutung dieses Wunders zu befragen. Teiresias beruhigt Alkmene und erklärt:

> „Manche Achäerin wird deinen Namen besingen, Alkmene,
> wenn sie am Abend das weiche Garn mit der Hand übers

---

[106] Τὸν γὰρ τοῦ Ἡρακλέους ξενισμὸν πρῴην ἡμῖν ἐν ποιήματί τινι διῄειν, ὡς διὰ τὴν τοῦ Ἡρακλέους ξυγγένειαν ὁ πρόγονος αὐτῶν ὑποδέξαιτο τὸν Ἡρακλέα, γεγονὼς αὐτὸς ἐκ Διός τε καὶ τῆς τοῦ δήμου ἀρχηγέτου θυγατρός, ἅπερ αἱ γραῖαι ᾄδουσι, καὶ ἄλλα πολλὰ τοιαῦτα ...

[107] Thomas, R., Oral Tradition and Written Record in Classical Athens, Cambridge et al. 1989 (Cambridge Studies in Oral and Literate Culture 18), 109 rechnet in diesem konkreten Fall dagegen mit (von Frauen bewahrter) Familientraditionen als Quelle.

> Knie streicht, auch bei argivischen Frauen findest dereinst du Verehrung..." (Theokr. 24, 76-78; Übersetzung F. P. Fritz)[108]

- und verheißt Herakles eine große Zukunft.

Versteht man diese Prophezeiung des Teiresias als *vaticinatio ex eventu*, so ergibt sich hieraus ein weiterer Beleg für die allgemeine Verbreitung von Herakles-Geschichten in den „Spinnstuben" der griechischen Frauen in der Antike; denn die Alkmene vorausgesagte Prominenz in den griechischen „Spinnstubengeschichten"[109] resultiert zweifelsohne aus der großen Beliebtheit der Erzählungen über ihren Sohn Herakles in diesem Erzählkontext, die auch ihr als der Mutter des Helden (und der Geliebten des Zeus) einiges Interesse sicherte.

Heroengeschichten im allgemeinen als typische Begleiterzählungen in der griechischen „Spinnstube" bezeugt schließlich die Inschrift einer (heute verschollenen) Grabstele von der Insel Chios, wohl aus dem 2. oder 1. Jahrhundert v. Chr.:

> „Bitto und Phainis, lieber Tag, Arbeitsgefährtinnen, arme Alte, wurden wir hier gemeinsam bestattet, Koerinnen beide, von edler Abkunft; o süße Morgendämmerung, zur Lampe pflegten wir dir Heroengeschichten zu singen." (GVI, Nr. 474)[110]

Nach Aussage dieses Epigrammes betrieben die beiden Alten, Bitto und Phainis, demnach bereits vor Tagesanbruch gemeinsame Handarbeit - denn auf diese bezieht sich ξυνέριθος typischerweise[111]. Dabei verkürzten sie sich die Zeit mit Geschichten von Heroen bzw. Halbgöttern, also etwa auch von Herakles, auf den wir in vergleichbarem Kontext bereits mehrmals gestoßen sind.

Auch in Rom galten Geschichten von Göttern und Heroen als typischer Erzählstoff der „Spinnstube", wie etwa Cicero bezeugt: In seinem philoso-

---

[108] ... πόλλαι Ἀχαιιάδων μαλακὸν περὶ γοῦνατι νῆμα / χειρὶ κατατρίψουσιν ἀκρέσπερον ἀείδοισαι / Ἀλκμήναν ὀνομαστί, σέβας δ' ἔσῃ Ἀργείαισι.

[109] Theokrit schließt m.E. mit Bedacht auch die Frauen von Argos mit ein, von wo Amphitryon und Alkmene nach Theben ins Exil hatten gehen müssen.

[110] Βιττὼ καὶ Φαινίς, φίλη Ἡμέρη, αἱ ξυνέριθοι, / αἱ πενιχραὶ γραῖαι τῇιδ' ἐκλίθημεν ὁμοῦ, / ἀμφότεραι Κῶιαι, πρῶται γένος· ὦ γλυκὺς Ὄρθρος, / πρὸς λύχνον ὧι μύθους ἤιδομεν ἡμιθέων.

[111] Cf. LSJ, s.v. συνέριθος.

phischen Dialog De Natura Deorum läßt er nach einer Darstellung der epikureischen Götterlehre durch Velleius (Cic., Nat. 1,18-56) den Akademiker Cotta im Rahmen seiner Erwiderung auch ausführliche Kritik an der anthropomorphen Gottesvorstellung der Epikureer üben (Nat. 1,76-108). Dabei geht Cotta in seiner Polemik so weit, zu erklären:

> „Denn das, was ihr (sc. die Epikureer) vorbringt, ist völlig erdichtet, kaum wert, daß die alten Weiber abends am Spinnrocken darüber plaudern." (Cic., Nat. 1,94; Übersetzung hier und in der Folge (nach) U. Blank-Sangmeister)[112]

Daraus, daß diese Bemerkung im Zusammenhang mit der Kritik an der Vorstellung anthropomorpher Götter fällt, läßt sich erkennen, daß Cotta/Cicero Erzählungen von menschengestaltigen und menschlich handelnden Göttern, wie sie in der antiken Mythologie gang und gäbe sind, zum typischen Erzählschatz der „Spinnstube" zählt.

Noch deutlicher wird dies aus einer anderen Stelle des nämlichen Werkes: Nachdem der Stoiker Balbus im Rahmen seiner Darstellung der stoischen Theologie (Nat. 2,4-167) zum Beweis der Existenz der Götter u.a. auch auf deren wiederholte Epiphanien bzw. ihr Eingreifen in die griechisch-römische Geschichte hingewiesen hat (Nat. 2,6), entgegnet ihm auf diese Exempla wiederum Cotta mit harscher Kritik (Nat. 3,11 sq.). Besonders unplausibel erscheint diesem der Glaube an die leibhaftige Erscheinung der Dioskuren. Deshalb fordert er, entweder müsse Balbus diesen Glauben aufgeben,

> „oder du mußt, falls du das (sc. das leibhaftige Erscheinen der Dioskuren) für möglich erklärst, zeigen, auf welche Weise, und darfst uns keine Altweibergeschichten auftischen." (Cic., Nat. 3,12)[113]

Zu seiner Verteidigung verweist Balbus auf die Existenz des Dioskuren-Tempels auf dem römischen Forum, den ja der Diktator A. Postumius zum Dank für das Eingreifen der göttlichen Zwillinge im Latinischen Krieg auf Seiten der Römer habe erbauen lassen (Nat. 3,13)[114].

Die zitierte Passage zeigt wiederum deutlich die Assoziation weithin geglaubter Mythen von kultisch verehrten Gottheiten bzw. Heroen mit den

---

[112] *Nam ista, quae vos dicitis, sunt tota commenticia, vix digna lucubratione anicularum.*

[113] *Aut, si hoc fieri potuisse dicis, doceas oportet, quomodo, nec fabellas aniles proferas.*

[114] Cf. Pease ad loc. mit weiteren Belegen.

Erzählungen alter Frauen[115]. Eine Unterscheidung trifft hier lediglich der akademische Skeptiker Cotta, während der Volksglaube und die Auffassung des Stoikers Balbus keineswegs im Gegensatz zueinander zu stehen scheinen.

„Altweibergeschichten" mit mythologischem Inhalt kennt auch der christliche Apologet Minucius Felix (1. Hälfte des 3. Jahrhunderts n. Chr.). In seinem apologetischen Dialog Octavius schildert er zunächst die Angriffe des Heiden Caecilius auf das Christentum (Min. Fel., Oct. 5-13). Auf diese entgegnet der Christ Octavius mit einer Verteidigung seines Glaubens (Oct. 16-20,1) und greift dann seinerseits das Heidentum an (Oct. 20,2-27). Dabei kritisiert er den Glauben an die traditionellen Geschichten der heidnischen Mythologie, insbesondere den an Mischwesen und Metamorphosen:

> Und gar jene Altweibergeschichten über Menschen: in Vögel und wilde Tiere verwandelte Menschen, oder Bäume und Blumen, die sich aus Menschen umgewandelt haben sollten!
> (Min. Fel., Oct. 20,4; Übersetzung B. Kytzler)[116]

Minucius Felix sieht mithin keinen wesensmäßigen Unterschied zwischen den Erzählungen alter Frauen und den Verwandlungsgeschichten der klassischen Mythologie, wie denen von Prokne oder Philomele (Vögel), Kallisto (Bärin), Daphne (Lorbeer) und Narkissos oder Hyakinthos (Blumen). Mit dieser Einschätzung steht er offensichtlich in der Tradition der philosophischen Mythenkritik, insbesondere der von Ciceros Schrift De Natura Deorum (s.o.), welcher der Octavius auch sonst viel verdankt[117]. Die polemische Zurückweisung gerade von Geschichten über Mischwesen und Metamorphosen teilt Minucius Felix hingegen mit Lukian, der derartige Stoffe ebenfalls zusammengefaßt und als typisch für Kindergeschichten abqualifiziert hatte (Lukian., Philops. 2; s.o. 4.2.4).

Der christliche Rhetor Arnobius der Ältere schließlich nennt „Spinnstubengeschichten" und Kindergeschichten in einem Atemzug: Im 5. Buch seines ca. 303/10 entstandenen apologetischen Werkes Ad Nationes, das zusammen mit dem soeben angesprochenen Octavius des Minucius Felix überliefert ist,

---

[115] Die (vermeintlichen) Wahnmeinungen alter Frauen bemüht Cicero in polemischer Absicht noch häufiger in dem genannten und anderen Werken (cf. Pease ad Cic., Nat. 1,55, p. 341 und 3,13, p. 997; Massaro 1977, 108 sq.). Konkret vom Geschichtenerzählen alter Frauen scheinen allerdings nur die beiden oben angeführten Passagen zu sprechen.

[116] *quid illas aniles fabulas de hominibus: aves et feras homines et de hominibus arbores atque flores?*

[117] Cf. Opelt 1966, 147 sq.

erzählt er zunächst den entlegenen, geradezu pervers zu nennenden Mythos von Agdistis, dem schrecklichen Zwitterkind des Zeus, seinem Sohn Attis und Magna Mater (Arnob., Nat. 5,3-7).

Daran schließt Arnobius eine ausführliche Polemik gegen den heidnischen Glauben an, welche er aus dem ständigen Rückgriff auf die extremen Elemente dieses Mythos entwickelt (Arnob., Nat. 5,8-17). Um die Lächerlichkeit des Agdistis-Mythos zu unterstreichen, greift Arnobius auch auf den Vergleich mit „Spinnstuben-" und Kindergeschichten zurück:

> „Wenn ihr, bitteschön, derartige Geschichten lest, habt ihr da nicht den Eindruck, entweder Webermädchen zu hören, die sich die Zeit ihrer verdrießlichen Arbeit verkürzen, oder alte Weiber, die sich um Ablenkung für leichtgläubige Kinder bemühen und ihnen verschiedene unwahre Geschichten unter dem Anschein der Wahrheit erzählen?" (Arnob., Nat. 5,14)[118]

Zwar ist der polemische Vergleich bestimmter Mythen mit „Spinnstuben-" oder Kindergeschichten durch die Tradition der philosophisch-rationalistischen Mythenkritik bereits vorgezeichnet (cf. die beiden zuvor besprochenen Zeugnisse und oben 4.2.6)[119], doch da dieser Vergleich ohne realen Hintergrund seine Wirkung hier gänzlich verfehlen würde, sind wir berechtigt, Arnobius wie zuvor Minucius Felix als weiteren Zeugen für die Erzählung von Mythen in der antiken „Spinn-" wie auch der Kinderstube anzusehen.

### 4.3.3 Drei (literarische) Spinnstuben: Vergil und Ovid

Eine komplette „Spinnstubenszene", die durch ihre erzähltechnische Funktion dieses Sujet zugleich als literarischen Topos erweist, stellt uns Vergil vor Augen: Im vierten Buch seiner Georgica schildert der Dichter u.a., wie der Heros Aristaeus seine Mutter, die Nymphe Cyrene, bei der Quelle des Flusses

---

[118] *Cum historias, quaeso, perlegitis tales, nonne vobis videmini aut textriculas puellas audire taediosi operis circumscribentes moras aut infantibus credulis avocamenta quaeritantes anus longaevas et varias fictiones sub imagine veritatis expromere?*

[119] Cf. Massaro 1977. Auch Arnobius dürfte zu seinem Vergleich in Nat 5,14 direkt durch die oben besprochenen o.ä. Stellen aus Cicero, De Natura Deorum angeregt worden sein. Daß er diese Schrift auch sonst häufig benutzt hat, zeigt Opelt 1966, 148 sq.

Peneus aufsucht. Cyrene sitzt gerade tief unten im Palast der Wassergottheiten im Kreis anderer Nymphen beim Spinnen, als sie ihren Sohn rufen hört:

> „Im Kreise geschart um sie (sc. Cyrene) zupften die Nymphen milesische Wolle, getränkt von lichtgrünflutender Farbe.“ (Verg., Georg. 4,334 sq.; Übersetzung hier und in der Folge nach J. und M. Götte)[120]

Hier schließt sich ein Katalog der anwesenden Nymphen an, bevor der Dichter eine von ihnen als Geschichtenerzählerin vorstellt:

> „Clymene nun erzählte vom eitlen Bemühen des Vulcanus und von den Listen des Mars und süßverstohlenen Freuden, zählte vom Chaos an auf, was Götter an Liebschaft erlebten.“ (Verg., Georg. 4,345-347)[121]

Diese Idylle wird jedoch durch Aristaeus' wiederholtes Rufen gestört:

> „Während sie (sc. die Nymphen) so, vom Liede entzückt, herab von den Spindeln drehten das weiche Gespinst, da drang wieder bang Aristaeus' Klage der Mutter ans Ohr.“ (Verg., Georg. 4,348-350)[122]

Clymenes „Spinnstubengeschichten“ stehen demnach alle unter ein und demselben Thema: Liebesgeschichten von Göttern. Exemplarisch wird die Liaison von Mars und Venus genannt[123], die Clymene ihrem ausschließlich weiblichen Publikum gemäß aber nicht wie der Sänger Demodokos in der Odyssee (8, 266-367) mit dem Triumph des betrogenen Ehemannes, des listigen Hephaistos, enden läßt[124]. Freilich handelt es sich nicht um typische weibliche Klatschgeschichten, da Clymene „vom Chaos an“, also vom Anbeginn der Welt an, erzählt, so daß ihren Liebesgeschichten der Aspekt der unerhörten Neuigkeit, der wesenhaft zum Klatsch gehört, abgeht. Somit sind ihre Erzählungen am ehesten als erotische Mythen anzusehen.

---

120 *eam circum Milesia vellera Nymphae / carpebant hyali saturo fucata colore ...*

121 *inter quas curam Clymene narrabat inanem / Volcani Martisque dolos et dulcia furta, / aque Chao densos divom numerabat amores.*

122 *carmine quo captae dum fusis mollia pensa / devolvont, iterum maternas impulit auris / luctus Aristaei ...*

123 Cf. Richter ad Verg., Georg. 4,345.

124 Cf. Mynors ad Verg., Georg. 4,345. - In der „Spinnstube“ der Töchter des Minyas wird diese Geschichte allerdings dann wieder mit dem aus der Odyssee bekannten Ausgang erzählt (Ov., Met. 4,169-189; s.u.).

In seinen Metamorphosen schildert Ovid eine vergleichbare topische „Spinnstube“, die zugleich als Rahmenhandlung für verschiedene eingelegte Erzählungen fungiert[125]: Im vierten Buch erzählt er u.a. von den Töchtern des Minyas, welche die Teilnahme an den Orgien des Gottes Bacchus verweigern und sich stattdessen lieber der häuslichen Wollarbeit widmen:

> „Des Minyas Töchter nur üben drinnen zur Unzeit die Kunst Minervas und stören die Feier, ziehen die Fasern der Wolle und drehn mit dem Finger den Faden, haften am Webstuhl und drängen zur Arbeit auch ihre Mägde.“ (Ov., Met. 4,32-35; Übersetzung hier und in der Folge (nach) E. Rösch)[126]

Dazu wollen sie sich Geschichten erzählen und erklären, während die anderen Frauen zu den Bacchus-Feiern gehen,

> „wollen auch wir ... würzen mit buntem Gespräch das nützliche Werk unsrer Hände, etwas im Wechsel erzählen den müßigen Ohren im Kreise, damit uns dadurch die Zeit nicht zu lange erscheine.“ (Ov., Met. 4,39-41)[127]

Bevor nun die erste der Minyaden zu erzählen anhebt, wägt sie zwischen verschiedenen orientalischen Mythen ab: Als mögliche Erzählstoffe nennt sie die Geschichten von der orientalischen Göttin Dercetis, ihrer Tochter Semiramis und einer zauberkräftigen Nymphe (Met. 4,44-50)[128]. Schließlich entscheidet sie sich für die ihrer Meinung nach noch nicht allgemein bekannte (Met. 4,53) erotische Novelle von Pyramus und Thisbe, die als Aition für die erst rote, dann schwarze Farbe der Frucht des Maulbeerbaums endet (Met 4,55-166).

Nun kommt die Reihe an Leuconoe, die zweite der Schwestern: Zuerst erzählt sie die uns bereits in Vergils „Spinnstube“ der Nymphen begegnete (s.o.) Geschichte von der Affäre von Mars und Venus (Met. 4,169-189), hier allerdings wieder in der homerischen Version. Anschließend berichtet Leuconoe

---

[125] Die Tätigkeit des Spinnens bzw. der häuslichen Wollverarbeitung durch Frauen erwähnt Ovid des öfteren, z.B. Met. 4,219-221 (Leucothoe und ihre Mägde, s.u.); Met. 6,5-145 (Arachne) oder Fast. 2,741-756 (die abendliche „Spinnstube“ der Lucretia; Thema der dortigen Unterhaltung: Schicksal der im Feld liegenden Männer). Daß in diesen „Spinnstuben“ aber echte Geschichten erzählt werden, deren Inhalt der Dichter auch deutlich werden läßt, ergibt sich m.W. nur aus den beiden hier in der Folge zu besprechenden Stellen.

[126] *solae Minyeïdes intus / intempestiva turbantes festa Minerva / aut ducunt lanas, aut stamina pollice versant, / aut haerent telae famulasque laboribus urgent.*

[127] *... nos quoque ... / utile opus manuum vario sermone levemus / perque vices aliquid, quod tempora longa videri / non sinat, in medium vacuas referamus ad aures!*

[128] Cf. Bömer ad Ov., Met. 4,45; 47 und 49.

von der unglücklichen Liebe des Sonnengottes Sol zu der persischen Königstochter Leucothoe (Met. 4,190-255) und von der unerfüllten Leidenschaft der Nymphe Clytie zu diesem Gott (Met. 4,256-270).

Wie bereits die erste der Minyaden zählt auch die dritte der Schwestern, Alcithoe, vor Beginn ihrer Geschichte in der Form einer Praeteritio verschiedene Stoffe auf, die sie aufgrund ihrer Bekanntheit (Met. 4,284; cf. 4,276) übergehen will: Neben dem von einer eifersüchtigen Nymphe versteinerten Hirtenheros Daphnis und dem sonst unbekannten Sithon nennt sie noch den im griechischen Volksglauben wurzelnden Schmiededämon Celmis, einen der idäischen Daktylen, und die mit letzteren z.T. gleichgesetzten Kureten, sowie das in Blumen verwandelte mythische Liebespaar Crocos und Smilax (Met. 4,276-284)[129]. Daraufhin erzählt Alcithoe ausführlich von der Vereinigung der karischen Quellnymphe Salmacis mit Hermaphroditus, dem Sohn des Hermes und der Aphrodite (Met. 4,285-388).

Hier enden die eine Vielzahl möglicher Stoffe antiker „Spinnstubengeschichten“ vorstellenden Erzählungen der Schwestern. Zumindest diese von Ovid geschickt in den Rahmen der als literarischer Topos verwendeten „Spinnstube“ eingespannte, teils nur angedeutete, teils auch ausgeführte Stoffauswahl ist durchweg dem Bereich des Mythos bzw. des Volksglaubens oder auch der erotischen Novelle zuzurechnen.

Eine weitere „Spinnstube“, in der ebenfalls Geschichten erzählt werden, findet sich in Ovids Heroides. Auch hier bildet die topische „Spinnstube“ zugleich den Rahmen für die eingelegten Erzählungen: Im elegischen Brief der Deianira an ihren abwesenden Gatten Hercules beschwert sich die Heroine u.a. über den jüngsten Fehltritt des Helden mit der lydischen Königin Omphale, welcher er, um Wergeld für den Mord an Iphitos zu verdienen, eine Zeit lang Knechtsdienste leisten mußte[130]. Omphale macht Hercules ganz zur Frau und läßt ihn auch in der „Spinnstube“, gleichsam bei der weiblichsten aller Arbeiten, mithelfen:

> „Unter ionischen Mädchen hast du den Wollkorb gehalten,
> heißt es, gezittert vor Angst unter der Fuchtel der Frau ...
> Grobe Fäden ziehst du jetzt mit klobigem Daumen, reichst
> deiner hübschen Herrin, was sie dir abmißt, zurück?“ (Ov.,

---

[129] Cf. Bömer ad Ov., Met. 4,277; 280; 282 und 283.

[130] Cf. Brommer 1984, 21.

Her. 9,73 sq. und 77 sq.; Übersetzung hier und in der Folge (nach) B. W. Häuptli)[131]

Dabei stellt sich der Held allerdings nicht besonders geschickt an:

> „Ach, wie oft, wenn mit rohen Fingern den Faden du drehtest, brach in der kräftigen Hand alsbald die Spindel entzwei!“ (Ov., Her. 9,79 sq.)[132]

Mit diesen schon fast grotesk zu nennenden kläglichen Handarbeitsversuchen des größten aller Helden kontrastiert der Dichter geschickt die berühmten Taten des Hercules, von welchen er diesen selbst gleichsam als Kompensation für seine Ungeschicklichkeit in der „Spinnstube“ erzählen läßt[133]:

> „Taten erzählst du auch, die du wohl besser verschwiegst...“ (Ov., Her. 9,84)[134]

Hier schließt sich ein Katalog verschiedener Heldentaten des Heros an, die dieser nach Deianiras Meinung angesichts seines lächerlichen Verhaltens in der „Spinnstube“ der Omphale lieber hätte für sich behalten sollen.

Die vorliegende Passage ist ein weiterer Beleg für die schon mehrfach deutlich gewordene Beliebtheit von Herakles-Geschichten in der antiken „Spinnstube“. Besondere Pikanterie erwächst dieser Szene allerdings aus der Tatsache, daß der Dichter hier Hercules selbst in der „Spinnstube“ arbeiten und dabei von seinen eigenen Taten erzählen läßt. Ovid kennt offenbar -mindestens aus der oben besprochenen Literatur- Geschichten von Herakles als typischen Erzählstoff der „Spinnstube“ und spielt mit diesem Topos, indem er ihn mit dem von der Tradition ebenfalls bereits vorgegebenen Stoff von Herakles' Spinnstubendienst bei Omphale[135] kombiniert. Der Held wird quasi völlig zur Frau (degradiert), so daß er nicht nur beim Spinnen hilft, sondern dazu auch noch wie eine typische Alte Geschichten erzählt - natürlich von Herakles / Hercules!

---

[131] *Inter Ionicas calathum tenuisse puellas / diceris et dominae pertimuisse minas. / ... crassaque robusto deducis pollice fila / aequaque formosae pensa rependis erae?*

[132] *A! quotiens, digitis dum torques stamina duris, / praevalidae fusos comminuere manus!*

[133] Die Textüberlieferung der Verse 81-83, welche genau zwischen dem Mißgeschick des Hercules mit der Spindel und dem sich daran anschließenden Bericht seiner Taten stehen, ist nachhaltig gestört (cf. den kritischen Apparat in Dörries Edition, der allein zu v. 83 neun verschiedene Alternativen auflistet). Nichtsdestotrotz macht der erhaltene Befund unzweifelhaft deutlich, daß Hercules in der „Spinnstube“ erzählt.

[134] *... factaque narrabas dissimulanda tibi.*

[135] Cf. Brommer 1984, 127 sq.

## 4.3.4 Philosophische „Altweibergeschichten“: Platon und Apuleius

Auf die Erzählungen alter Frauen bezieht sich Platon in seinem Dialog Gorgias: Gegen Abschluß des Werkes läßt er Sokrates seinem Dialogpartner Kallikles den Mythos vom Totengericht erzählen (Plat., Gorg. 523 a - 524 a). Bereits die Einleitung dieser Geschichte erinnert an den volkstümlichen Erzählton[136]:

> „So höre denn, wie sie zu sagen pflegen, eine gar schöne Rede, die du zwar für ein Märchen halten wirst, wie ich glaube, ich aber für eine wahre Geschichte.“ (Plat., Gorg. 523 a; Übersetzung hier und in der Folge (nach) F. Schleiermacher)[137]

Sokrates stellt mithin in der traditionellen Manier von Geschichtenerzählern („wie sie zu sagen pflegen“) Kallikles eine „gar schöne Rede“ in Aussicht, um so dessen besondere Aufmerksamkeit zu erregen. Aus dem Ton der Volkserzählung sticht jedoch bereits Sokrates’ Versicherung heraus, nur er selbst halte die folgende Geschichte für wahr, während er dies von seinem Gegenüber von vornherein nicht annimmt.

Nun folgt der Mythos vom Totengericht, der zumindest in seiner vorliegenden Gestalt allerdings in wesentlichen Punkten auf Platon selbst zurückgeht[138]. Doch am Ende seiner Erzählung erklärt Sokrates wiederum:

> „Dies, o Kallikles, halte ich, wie ich es gehört habe, zuversichtlich für wahr...“ (Plat., Gorg. 524 ab)[139]

Durch die schon im Fortgang der Mythenerzählung mehrfach angeklungene und hier an deren Ende noch einmal wiederholte Berufung auf nicht näher bezeichnete Gewährsleute („wie ich es gehört habe“) unterstreicht Sokrates den volkstümlichen, traditionellen Charakter seiner Erzählung, die durch diesen Verweis auf fremde Autorität zugleich, zumindest partiell, seiner

---

[136] Cf. Dodds ad Plat., Gorg. 523 a 1.

[137] Ἄκουε δή, φασί, μάλα καλοῦ λόγου, ὃν σὺ μὲν ἡγήσει μῦθον, ὡς ἐγὼ οἶμαι, ἐγὼ δὲ λόγον.

[138] Zweifelsohne hat Platon in diesem Mythos auch traditionelle Elemente verarbeitet, von bloßer Reproduktion eines bestimmten Vorbildes kann jedoch keine Rede sein: Dodds ad 523 a 1-524 a 7 (besonders 375 sq.).

[139] Ταῦτ’ ἔστιν, ὦ Καλλίκλεις, ἃ ἐγὼ ἀκηκοὼς πιστεύω ἀληθῆ εἶναι.

persönlichen Verantwortung entzogen wird[140]. Andererseits rechnet Sokrates jedoch, wie er bereits am Anfang seiner Mythenerzählung betont hat (s.o.), von vornherein nicht mit dem Glauben seines Zuhörers. Vielmehr geht er davon aus, daß der Mythos vom Totengericht den gebildeten Aristokraten Kallikles an die Geschichten alter Frauen erinnern könnte:

> „Vielleicht nun dünkt dich dies eine Geschichte zu sein, wie ein Mütterchen eine erzählen würde..." (Plat., Gorg. 527 a)[141]

Sokrates selbst allerdings betrachtet diesen Mythos nicht als beliebige Geschichte, sondern erklärt ausdrücklich, er glaube daran. Zwar gilt dies sicher nicht im strikt historischen Sinn[142], vielmehr dürfte die Wahrheit dieser Geschichte in ihrer zumindest für Sokrates paradigmatischen Bedeutsamkeit, ja Verbindlichkeit zu suchen sein, wodurch sie erst im vollgültigen Sinn zum Mythos wird (s.o. 1.2.2).

So zeigt die platonische Erzählung vom Totengericht die für die Fragestellung vorliegender Untersuchung aufschlußreiche Verbindung von verbindlichem Mythos mit dem volkstümlichen Erzählton in der Art der Geschichten alter Frauen. Genau wie in der oben (4.2.6) bereits besprochenen Passage aus der Politeia sieht Platon offenbar auch hier zwischen „Altweibergeschichten" und echten, bedeutungsvollen Mythen keinen grundsätzlichen Gegensatz, sondern stilisiert seinen philosophischen Kunst-Mythos vom Totengericht sogar nach Art traditioneller Volkserzählungen, um sie den „echten", d.h. traditionellen Mythen anzunähern.

Auf das Motiv des Geschichtenerzählens alter Frauen greift auch Apuleius in seinen Metamorphosen zurück, um somit den Rahmen für die eingelegte Erzählung von Amor und Psyche zu schaffen: Der in einen Esel verwandelte Held des Romans, der u.a. bei Räubern Dienst tun muß, sieht mit an, wie diese ein edles junges Mädchen, das sie zum Zweck der Lösegelderpressung unmittelbar vor seiner Hochzeit entführt haben, in ihre Höhle schleppen und ihrer alten Haushälterin übergeben. Die Alte tröstet nun das verzweifelte und durch einen bösen Traum zusätzlich verstörte Mädchen und erzählt ihm zur Beruhigung eine Geschichte, die auch der scheinbare Esel mit anhört:

---

[140] Cf. Dodds ad 523 a 1-524 a 7 (p. 373).

[141] Τάχα δ' οὖν ταῦτα μῦθός σοι δοκεῖ λέγεσθαι ὥσπερ γραὸς ...

[142] Und ebenso wenig im allegorischen Sinn: so Dodds ad 523 a 2.

> „Aber ich will dich flugs durch nette Erzählungen und Altweibergeschichten ablenken." (Apul., Met. 4,27; Übersetzung hier und in der Folge (nach) R. Helm)[143]

Nun folgt die Erzählung von Amor und Psyche, die mehr als ein Sechstel des Gesamtwerkes einnimmt und ungefähr in seiner Mitte steht (Apul., Met. 4,28 - 6,24). Nach dem Ende dieser Erzählung hebt Apuleius ihren Charakter als „Altweibergeschichte" ausdrücklich hervor, indem er noch einmal auf die Alte als Erzählerin hinweist und dem Leser die Erzählsituation vergegenwärtigt, die dieser wegen der Länge der ohne jeden Einschub erzählten Geschichte bereits vergessen haben mag:

> „So erzählte die verrückte, trunksüchtige Alte dem gefangenen Mädchen; aber ich stand ganz in der Nähe dabei..." (Apul., Met. 6,25)[144]

Über Ursprung, Gattungszugehörigkeit und Bedeutung der Erzählung von Amor und Psyche wurden lange Kontroversen geführt[145]; doch gleich, wie man über die Herkunft des Stoffes dieser Geschichte denkt, daß zumindest ihre Gestaltung durch Apuleius jedenfalls kein echtes Märchen darstellt, ist inzwischen weitgehend unstrittig (s.o. 2.1.3 und 2.1.4). Aus dem Vergleich mit dem ebenfalls als „Altweibergeschichte" präsentierten platonischen Mythos vom Totengericht läßt sich jedoch vielleicht ein neuer Beitrag zur Deutung der Erzählung des Apuleius gewinnen:

Daß bestimmte Elemente platonischer Mythen, insbesondere aus dem Seelenmythos des Phaidros (Plat., Phaidr. 246 a - 257 a), zu den zumindest literarischen Vorbildern von Amor und Psyche zählen, ist seit langem bekannt und wiederholt auch zur Grundlage einer platonisierenden Deutung dieser Erzählung gemacht worden[146]. Wenn Apuleius nun seine Geschichte von Amor und Psyche auch noch in ähnlicher Weise, wie Platon seinen Mythos vom Toten-

---

[143] *Sed ego te narrationibus lepidis anilibusque fabulis protinus avocabo.*

[144] *Sic captivae puellae delira et temulenta illa narrabat anicula; sed astans ego non procul ...*

[145] Cf. die bei Binder/Merkelbach 1968 gesammelten Beiträge.

[146] Zu den Bezügen von Amor und Psyche auf Platons Phaidros und Symposion cf. Grimal, P., Die Bedeutung der Erzählung von Amor und Psyche, trad. G. Binder, in: Binder/Merkelbach 1968, 1-15, hier: 6 sq. (zuerst als *Introduction* zu: Apulée, Métamorphoses IV 28 - VI 24, Paris 1963, 6-21 und 23 sq.); Walsh 1970, 206 sq. und 220 sq.; Kenney in der Einleitung zu seiner kommentierten Ausgabe (p. 19 sq.) und im Kommentar (passim, siehe Index, s.v. Plato), jeweils mit weiterer Literatur; und Schlam 1992, 13 und 95 sq. Einen Überblick über platonische Reminiszenzen in Apuleius' Metamorphosen im allgemeinen bietet Schlam, C., Platonica in the *Metamorphoses* of Apuleius, in: TAPhA 101 (1970) 477-487.

gericht im Gorgias, zur „Altweibergeschichte“ stilisiert und dies zudem mehrfach eigens betont, so liegt die Vermutung nahe, Apuleius habe dieses Sujet nicht nur verwendet, um etwa wie Ovid (s.o. 4.3.3) einen passenden Rahmen für seine eingelegte Erzählung zu schaffen, sondern er habe sich auch in diesem Punkt wiederum an Platon orientiert und sich somit bewußt dieser Form bedient, um in gut platonischer Tradition metaphysische Inhalte im Gewand des Mythos vorzuführen.

Vor dem Hintergrund des platonischen Gorgias böte demnach bereits die Rahmenhandlung einen Hinweis zum Verständnis der eingelegten Geschichte, den die Forschung bisher allerdings übersehen hat[147], da das „Märchen“ von Amor und Psyche in der Regel isoliert für sich respektive unter dem Aspekt des übergreifenden Zusammenhanges des Gesamtwerkes betrachtet wurde, ohne seinem von Apuleius vorgestellten unmittelbaren Erzählkontext größere Beachtung zu schenken[148].

Diese These gewinnt durch die zahlreichen Berührungen der eigentlichen Erzählung von Amor und Psyche mit dem Seelenmythos des Phaidros und anderen platonischen Motiven noch an Plausibilität und stützt letztere zugleich ab. Gerade auch im Kontext der mittelplatonischen philosophischen Schriftstellerei des Apuleius kann es nicht verwundern, nicht nur in einzelnen Elementen, sondern auch in der gesamten Einkleidung der vermeintlichen „Altweibergeschichte“ von Amor und Psyche den Einfluß Platons im Hintergrund zu spüren.

So erweist sich das „Märchen“ von Amor und Psyche als alles andere als eine echte Volkserzählung: Zwar bedient sich Apuleius durchaus des typischen sozialen Kontextes der Volkserzählung wie auch bestimmter vorgeprägter

---

[147] Lediglich Massaro 1977, 112 glaubt, aus der Einkleidung der Erzählung von Amor und Psyche als „Altweibergeschichte“ einen Hinweis auf einen besonderen *„respiro ... filosofico, o meglio misteriosofico“* ableiten zu können. Allerdings überzeugt der von Massaro zum Beleg für diese Auffassung herangezogene Verweis auf die in Hor., Serm. 2,6,77 sq. genannten *aniles fabellae* keineswegs, da diese sich auf die unmittelbar folgende Geschichte von der Stadtmaus und der Landmaus (Serm. 2,6,79-117) beziehen, eine Fabel voll praktischer Lebensweisheit, aber (trotz Massaro) ohne jeden erkennbaren Bezug zu irgendeiner Form von „Mysteriosophie“.

[148] Die oft isolierte Betrachtungsweise der Erzählung von Amor und Psyche zeigt sich schon allein an der großen Zahl von Einzelausgaben, wie etwa: Apuleius, Das Märchen von Amor und Psyche. Lateinisch/deutsch, übersetzt und ed. von K. Steinmann, Stuttgart 2/1983 (UB 486). Auch Kenneys kommentierte Ausgabe umfaßt nur die Erzählung selbst.

(mythologischer) Erzählmotive[149], die auch in der antiken „Spinnstube“ ihren Platz hätten finden können; dies geschieht jedoch weniger um seiner selbst willen bzw. um eine *narratio lepida*, wie sie die Alte ja explizit ankündigt (Apul., Met. 4,27; s.o.), zuwege zu bringen, sondern vielmehr im direkten Rekurs auf das platonische Vorbild. Damit rückt Apuleius aber seine vermeintliche „Altweibergeschichte“ auch bezüglich ihres Erzählkontextes in die Nachbarschaft der philosophischen Mythen Platons, so daß seine Erzählung, das „Märchen“ von Amor und Psyche, auch von dieser Seite her eher als philosophischer Kunst-Mythos im platonischen Sinn denn als echtes Märchen anzusprechen ist[150].

## 4.4 Das „Märchenerzählen“ in der Antike: Zusammenfassung und Ergebnisse

Den Ausgangspunkt vorliegender Untersuchungen zum möglichen sozialen Ort des „Märchens“ in der Antike bildete die Überlegung, daß die Existenz der Gattung „Märchen“ in der Antike allein durch Motiv- oder Strukturanalysen der antiken Literatur nicht überzeugend belegbar ist. Stattdessen galt es zu fragen, inwieweit die antike Literatur Erzählgelegenheiten deutlich werden läßt, die in der Neuzeit als typisch für das Märchenerzählen angesehen werden; denn allein durch die Interpretation der in der Antike in märchentypischem sozialem Kontext erzählten Geschichten wird es möglich, neue Aspekte zur Klärung der Frage nach der Existenz der Gattung „Märchen“ in der Antike zu gewinnen (4.).

Eine grobe Durchsicht der einschlägigen Passagen der antiken Literatur läßt vor allem zwei typische Erzählgelegenheiten erkennen, die bereits in der Antike existiert haben und bei denen in der Neuzeit Märchen erzählt werden: Das Geschichtenerzählen von meist weiblichen Erzählern bei der Betreuung und Erziehung von Kindern sowie das Geschichtenerzählen von zu gemein-

---

[149] Eine Vielzahl solcher aus der antiken Mythologie bekannter Erzählmotive, die auch in Amor und Psyche Verwendung finden, herausgearbeitet zu haben, ist Helms Verdienst: Helm, R., Das „Märchen“ von Amor und Psyche, in: Binder/Merkelbach 1968, 175-234, besonders 205 sqq. (zuerst in: NJA 33 (1914) 170-209).

[150] Daß Apuleius mit dieser Vorgehensweise durchaus nicht völlig isoliert dasteht, zeigt etwa Dion Chrysostomos, der seine Bearbeitung des philosophischen Kunst-Mythos von Herakles am Scheideweg ebenfalls einer alten Frau in den Mund legt (D. Chr., or. 1, 50-84; s.o. 4.2.2).

samer Handarbeit versammelten Frauen untereinander zur Unterhaltung und Ablenkung von ihrer monotonen Arbeit (4.1).

Zunächst wurden nun die Belege für antike Kindergeschichten untersucht, die im Vergleich mit den Testimonien für die Erzählungen von Frauen untereinander die größere Gruppe bilden (4.2). Dabei zeigte sich, daß als Erzähler von Kindergeschichten vor allem die mit der Kinderbetreuung befaßten Frauen, neben den Müttern also besonders Ammen, Kinderfrauen und Greisinnen in Betracht kamen; doch auch alte Männer werden in dieser Funktion zuweilen erwähnt. Erzählt wurde, soweit noch erkennbar, zumeist in häuslichem Kontext. Als Erzählabsicht wurden vor allem Unterhaltung, Beruhigung und Tröstung der Kinder, aber auch Paränese zu oder Abschreckung von einem bestimmten Verhalten deutlich.

Letzterer Erzählabsicht dienten insbesondere typische Kinderschreckgeschichten von Dämonen und Gespenstern, während zur bloßen Ablenkung der Kinder mit Vorliebe von den Heroen, aber auch von den Göttern der klassischen Mythologie erzählt wurde. Daneben werden bestimmte Vorstellungen des öfteren auch in polemischer Absicht mit Kinder- oder Ammengeschichten verglichen.

Möglicherweise bereits in der Zeit der Sophistik, sicher jedoch seit Platon wurden Kindergeschichten bzw. ihre (richtige) Beschaffenheit zum Gegenstand philosophischer Überlegungen. Daneben lassen sich etwa zeitgleich auch erste Spuren der Popularisierung der so in Gang gekommenen Diskussion nachweisen. Insbesondere Platons Zeugnis zeigt, daß zu seiner Zeit das Geschichtenerzählen eine wichtige Rolle bei der Kindererziehung gespielt hat. In seiner Kritik der gängigen Erzählpraxis von Kindergeschichten trifft Platon jedoch keinerlei Unterscheidung zwischen den Stoffen dieser Geschichten und denjenigen der poetisch gefaßten Mythen der großen Literatur für Erwachsene, und auch Strabon betrachtet mündliches Geschichtenerzählen für Kinder und literarische oder dramatische (Mythen-) Erzählung für Erwachsene als lediglich durch formale Kriterien unterschieden, in Hinsicht auf Stoff, Funktion und Wirkung aber als substantielle Einheit.

Somit erfährt das aus den Zeugnissen anderer antiker Autoren bereits deutlich gewordene Bild wiederum seine Bestätigung: Die nach Ausweis der Quellen Kindern in der Antike erzählten Geschichten und der heutzutage im allgemeinen als „Mythologie“ bezeichnete Komplex von Erzählungen sind, zumindest in weiten Teilen, deckungsgleich, so daß die seit der Aufklärung gerne postulierte Dichotomie von „Kindermärchen“ auf der einen Seite und „Mythen“ auf der anderen Seite für die Antike keine Gültigkeit besitzt.

Nach den Belegen für antike Kindergeschichten waren nun noch die Testimonien für die Erzählungen von Frauen untereinander, mithin für den zweiten in der Antike gut bezeugten Erzählkontext, der in der Neuzeit als typisch für das Märchen gilt, zu untersuchen. Auch Erzählungen alter Frauen, deren Zuhörerkreis jedoch keine Kinder bilden, wurden in diesem Kontext mitbehandelt (4.3). Dabei wurde deutlich, daß es auch in der griechischen wie römischen Antike „Spinnstuben“ gegeben hat, in denen sich die zu gemeinsamer Handarbeit versammelten Frauen die Zeit durch Singen oder Geschichtenerzählen verkürzt haben.

Gegenstand dieser Erzählungen waren nach Ausweis der Quellen im allgemeinen Geschichten von Göttern und Heroen, wobei sich Herakles-Geschichten offenbar mit Abstand der größten Beliebtheit erfreuten. Doch auch von diversen Amouren der Götter untereinander und mit Sterblichen wurde gerne erzählt. Zuweilen finden sich daneben auch Stoffe, die am ehesten dem Volksglauben zuzurechnen sind.

Ovid schließlich benutzt das Sujet des Geschichtenerzählens in der „Spinnstube“ als Rahmenhandlung, in die sich diverse mythologisch-erotische Geschichten bequem einfügen lassen. Spätestens hier wird deutlich, daß das Mythenerzählen der Frauen bei gemeinsamer Arbeit zugleich zum literarischen Topos geworden ist.

Platon dagegen stilisiert seinen philosophischen Kunst-Mythos vom Totengericht bewußt als „Altweibergeschichte“, um ihn so in die Nachbarschaft der traditionellen Mythen zu rücken. An diese Praxis knüpft Apuleius unmittelbar an, wenn er seine Erzählung von Amor und Psyche, das berühmteste (vermeintliche) „Märchen“ der Antike, mit soviel Nachdruck als „Altweibergeschichte“ präsentiert, um so in gut platonischer Tradition philosophische Inhalte im Gewand des traditionellen Mythos vorzuführen.

Insgesamt ergibt sich für die „Spinnstubengeschichten“ der Antike aus den Quellen ein Bild, das dem der Kindergeschichten recht ähnlich sieht: Auch die in der typischen bzw. topischen „Spinnstube“ der Antike erzählten Geschichten gehören zum weitaus überwiegenden Teil dem Bereich des Mythos an, während sich Hinweise auf echte Märchen auch hier nirgends finden lassen. Somit behält die oben in 2.1.1 zitierte Aussage Welckers (1857) ihre Gültigkeit, wonach in der Antike die „Göttersage“ zugleich auch den Platz des Märchens eingenommen habe.

# 5. Rückblick und Ausblick

## 5.1 Resümee und Ergebnis der bisherigen Untersuchung

Ausgangspunkt vorliegender Untersuchung war die Frage nach der Existenz der Gattung „Märchen" bereits in der Antike. Brisanz gewinnt diese Frage durch die in den neueren Philologien, besonders der Germanistik, seit ca. 10-15 Jahren verstärkt geführte Diskussion über Entstehungsprozeß und Alter des Märchens, die zu einer zunehmend differenzierten, z.T. sogar kritischen Sicht der bis dahin wie selbstverständlich postulierten vorneuzeitlichen Existenz dieser Gattung geführt hat (Kapitel 0).

Um sich dem antiken Märchen zu nähern, galt es zunächst zu definieren, was - bei aller Verschiedenheit der Forschungsansätze in der Volkserzählforschung- nach allgemeiner Auffassung unter der Gattung „Märchen" zu verstehen sei. Die hier versuchte Definition erfolgte auch kontrastiv unter Miteinbeziehung der dem Märchen verwandten und auch aus der Antike vielfach bezeugten Volkserzählgattungen Mythos und Sage (Kapitel 1).

An diesen definitorischen Teil schloß sich ein Forschungsbericht an, der zeigen sollte, welche Arbeit auf dem Gebiet des antiken Märchens bisher besonders von altphilologischer, aber auch von volkskundlich-germanistischer Seite geleistet wurde und welche Ergebnisse so erzielt wurden. Dabei wurde eine im großen und ganzen von den Brüdern Grimm, die als Archegeten auch der altphilologischen Märchenforschung gelten dürfen, bis heute vertretene *communis opinio* erkennbar, deren Hauptaussagen sich *mutatis mutandis* in Form zweier Thesen formulieren lassen:

1. Aus der Antike ist kein Märchen in seiner originären Form direkt überliefert.
2. In der antiken Literatur enthaltene Märchenmotive, märchentypische narrative Strukturen und Erwähnung des Märchenerzählens erweisen aber die Existenz des Märchens bereits in der Antike und lassen es, gerade auch als Substrat bzw. Voraussetzung antiker Literatur, zumindest indirekt greifbar bzw. sogar rekonstruierbar werden.

Diese vordergründig stringente Argumentationskette basiert allerdings, wie gezeigt werden konnte, zu einem Gutteil auf einem Zirkelschluß: Die auf dem Vergleich mit neuzeitlichen Märchen und damit auf einer an sich fragwürdigen Synchronisierung asynchroner Phänomene beruhende Deutung bestimmter Motive und narrativer Strukturen in der antiken Literatur als märchentypisch hat den Glauben an die Existenz der Gattung „Märchen" in der Antike bereits zur Voraussetzung. Zieht man die oft beobachtete Gattungsvarianz von Motiven und Strukturen mit ins Kalkül, verlieren diese jeglichen Zeugniswert, und die Argumentation bricht in sich zusammen.

Die nicht sehr zahlreichen Kritiker dieser *communis opinio* wiesen nur z.T. auf die mangelnde Gattungssignifikanz sogenannter „Märchenmotive" hin. Außerdem wurde ins Feld geführt, daß bestimmte Motive, die neuzeitliches Märchen und antike Literatur verbinden, keineswegs zwangsläufig voneinander unabhängige Zeugen einer ihnen gemeinsamen Märchenvorlage sein müssen, sondern durchaus auch auf dem Weg der Rezeption direkt oder indirekt voneinander abhängig sein können. Schließlich spricht die besonders von germanistischer Seite ohne Berücksichtigung der Antike erarbeitete allgemeine Evidenz gegen die vorneuzeitliche Existenz des Märchens zumindest indirekt auch gegen die Existenz dieser Gattung in der Antike.

Wägt man die in der wissenschaftlichen Diskussion vorgebrachten und vertieften Argumente *pro* und *contra* antikes Märchen sorgfältig gegeneinander ab, so wird deutlich, daß eine fundierte Stellungnahme in dieser Frage auf der Grundlage der bisher begangenen Wege schlechterdings nicht möglich ist; denn zu jedem Argument fand sich ein plausibles Gegenargument:

Die Untersuchung von Motiven und narrativen Strukturen führt in die Sackgasse des Zirkelschlusses, aber auch der rezeptionsgeschichtliche Ansatz erweist sich als nicht praktikabel: Einerseits schon allein wegen des Umfanges der hier zu leistenden Arbeit - jedes einzelne Märchenmotiv wäre auf seine mögliche literarische Herkunft zu untersuchen, andererseits auch aus methodischen Gründen - nicht nachweisbare Zwischenglieder ließen die Rezeptionskette zerreißen, ohne daß aus dem Fehlen einer sicher dokumentierbaren literarischen Vorlage eines Motivs oder einer Struktur auf die ursprüngliche Nichtexistenz einer solchen Vorlage bzw. auf die rein mündliche Herkunft dieses Motivs oder dieser Struktur geschlossen werden könnte. Methodisch fragwürdig ist aber auch die Heranziehung von in den neueren Philologien erzielten Ergebnissen, da man so nur zu einem Analogieschluß gelangt, der der Diskussion zwar förderlich ist, in der Sache selbst aber nichts beweisen kann.

Angesichts der Fragwürdigkeit der skizzierten Ergebnisse der Diskussion um das antike „Märchen" können somit nur neue Argumente einen echten Fortschritt in der Sache bringen. Als einziger Ansatzpunkt erschien hier eine neue Untersuchung der bisher nur am Rande berücksichtigten literarischen Testimonien, die seit den Brüdern Grimm von der Forschung im allgemeinen unhinterfragt als Belege für das Märchenerzählen in der Antike gewertet worden sind.

Sinnvolle Ergebnisse versprachen allerdings nur solche Erwähnungen des antiken Geschichtenerzählens, die sowohl den Inhalt der erzählten Geschichte zumindest andeutungsweise erkennen lassen als auch in märchentypischem sozialen Kontext stehen. Da nämlich die postulierte antike Gattung „Märchen“ selbst unbestritten nicht direkt überliefert ist, kann nur das Zusammenspiel von überliefertem Stoff und (außersprachlichem) sozialem Kontext Evidenz für die Existenz der verloren geglaubten Gattung bereitstellen - mit anderen Worten: Nur wo märchenhafter Stoff und märchentypischer sozialer Kontext bei einem Zeugnis zusammentreffen, besteht die Wahrscheinlichkeit, daß es sich bei der erwähnten Geschichte um ein echtes Märchen handelte. Gerade die Frage des sozialen Ortes bzw. Kontextes des antiken „Märchens“ wurde aber bisher nicht nachhaltig bearbeitet (Kapitel 2).

Um in diesem Punkt weiterzukommen, galt es zunächst, den sozialen Ort des Märchens in der Neuzeit als Folie zur Beurteilung des antiken Materials zu skizzieren, mithin Kriterien zu entwickeln, was überhaupt unter einem märchentypischen sozialen Kontext zu verstehen ist. Dabei fiel auf, daß das wissenschaftliche Interesse am gesellschaftlichen Kontext des Märchens erst im Lauf des 20. Jahrhunderts erwachte, während die Märchenforschung jedoch seit ihren Anfängen zu Beginn des 19. Jahrhunderts ein ziemlich festes Klischee vom eigentlichen sozialen Ort des Märchens vertrat.

Es konnte gezeigt worden, daß die Brüder Grimm und ihre Nachfolger aus geistesgeschichtlichen und soziokulturellen bzw. historischen Gründen keinen kontextorientierten Ansatz vertraten, sondern vielmehr einen idealen sozialen Kontext des Märchens voraussetzten, ohne ihn am realen Befund ihrer Tage zu verifizieren: Von inhaltlichen Kriterien abgesehen galten ihnen Märchen vorwiegend als Geschichten, die von (alten) Frauen für Kinder oder von Frauen untereinander in ländlichem, unverbildetem Milieu erzählt werden, obwohl doch die Gewährsleute der KHM zu einem großen Teil gebildete junge Damen des Bürgertums und des Kleinadels waren - von illiteraten alten, „ächt hessischen“ Bäuerinnen keine Spur!

Erst die wissenschaftliche Märchenbiologie des 20. Jahrhunderts zeigte, gestützt auf die Beobachtung der realen Lebensbedingungen des Märchens, weitere wichtige Lebensräume dieser Gattung auf. Demnach erwies sich die bis dahin herrschende Annahme vorwiegend weiblicher Erzähler des Märchens ebenso wie die seiner Rezeption hauptsächlich durch Kinder als zu einseitiges Vorurteil (Kapitel 3).

Die sich anschließende Untersuchung von im allgemeinen als Testimonien für das Märchenerzählen in der Antike gewerteten Passagen der antiken Literatur ging folgerichtig vom außersprachlichen Kontext der jeweils erwähnten Erzählung aus, indem das untersuchte Material nach den in Kapitel 3 als märchentypisch aufgezeigten Erzählgelegenheiten geordnet präsentiert wurde. Berücksichtigung fanden hier auch bisher unbeachtet gebliebene, jedoch dem jeweils untersuchten märchentypischen sozialen Ort unzweifelhaft zugehörige Belegstellen.

Dabei wurde deutlich, daß von den vier in der Neuzeit wissenschaftlich nachgewiesenen typischen Erzählgelegenheiten des Märchens für die Antike nur zwei, nämlich das Geschichtenerzählen (alter) Frauen für Kinder und das bald auch zum literarischen Topos gewordene Erzählen in der Spinnstube, breit dokumentierbar und entsprechend häufig als Belege für das Leben des Märchens in der Antike in Anspruch genommen worden sind. Schon allein diese Konvergenz der antiken Zeugnisse mit der romantischen Märchentheorie der Brüder Grimm bzw. die beiden gemeinsame Divergenz vom in der Neuzeit wissenschaftlich dokumentierten Befund macht stutzig (Näheres s.u. 5.2).

Der Blick auf den noch erkennbaren Erzählinhalt der durch die Testimonien bezeugten Geschichten ließ schließlich die Annahme eines dem neuzeitlichen Märchen analogen antiken Märchens gänzlich ins Wanken geraten; denn der von der Forschung üblicherweise für das Märchen reklamierte soziale Ort wird in der Antike, soweit erkennbar, durchgängig von Erzählungen aus dem Bereich der Mythologie eingenommen: Wo immer man zunächst nach antiker Märchenerzählung sucht, stößt man allenthalben unweigerlich auf Mythenerzählung. Bei den Testimonien für vermeintliches Märchenerzählen in der Antike handelt es sich tatsächlich entweder um Stoffe, die dem Mythos zuzurechnen sind, typischerweise um Geschichten von Heroen bzw. aus dem Volksglauben, oder um bloße Hinweise darauf, daß irgendwelche, inhaltlich nicht näher bestimmbare Geschichten erzählt wurden.

Da außerdem die häufig als „Märchenmotive" bezeichneten Erzählmotive in der antiken Literatur, ebenso wie vermeintlich im Märchen wurzelnde Erzählstrukturen, ihren Ursprung keineswegs zwangsläufig der Gattung „Märchen" verdanken müssen, sondern sich z.B. auch auf den Mythos zurückführen lassen, wie in Kapitel 2 gezeigt werden konnte, fehlt jegliche Evidenz, geschweige denn ein positiver Beweis für die Existenz der Gattung „Märchen" bereits in der Antike (Kapitel 4).

Somit deutet alles darauf hin, daß die Gattung „Märchen" in der Antike noch gar nicht vorhanden war, sondern besonders der Mythos in der antiken Gesellschaft unter anderem auch Position und Funktion des neuzeitlichen Märchens eingenommen hat. Daraus ergeben sich zwei wichtige Folgen:

1. Die Ausrottung der Chimäre einer in der Antike überhaupt (noch) nicht existenten Gattung „Märchen", die nicht nur bei Altphilologen im Umgang mit der antiken Literatur manches Mißverständnis hervorgerufen hat;

2. ein weiteres Indiz für die Richtigkeit der in letzter Zeit besonders von germanistischer Seite verstärkt vertretenen These, das Märchen sei eine erst in der Neuzeit entstandene Gattung, die ihre wesentliche Ausformung insbesondere den Brüdern Grimm verdankt.

## 5.2 Konsequenzen für die Deutung der Genese der Grimmschen Märchentheorie

Wenn nun das „antike Märchen" zum Altersbeweis der Gattung insgesamt nicht mehr zur Verfügung steht, wird die philologisch nachprüfbare Basis der im Grunde romantischen Theorie vom Märchen als uralter, seit Jahrhunderten und Jahrtausenden mündlich tradierter Volkserzählgattung zusehends schmäler, zumal nach neueren Forschungen auch der Alte Orient das Märchen im eigentlichen Sinn nicht gekannt zu haben scheint[1].

Eine weitere Stütze erfährt die These von der Entstehung der Gattung „Märchen" erst in der Neuzeit durch die frappierenden Übereinstimmungen der (freilich nur vage geäußerten) Vorstellungen der Brüder Grimm vom eigentlichen, gleichsam idealen sozialen Ort der von ihnen gesammelten Erzählungen mit dem als Beleg für antikes Märchenerzählen gewerteten Material:

---

[1] Cf. Jason, H. und A. Kempinski, How Old Are Folktales?, in: Fabula 22 (1981) 1-27 (mit weiterer Literatur).

Wie antike Quellen seit dem 5. Jahrhundert v. Chr. oft von einem rationalistischen Standpunkt aus etwas despektierlich von -bei näherem Hinsehen in der Regel der (niederen) Mythologie bzw. dem Volksglauben zugehörigen-Geschichten alter Frauen oder Ammen für Kinder bzw. zu gemeinsamer Handarbeit versammelter Frauen untereinander berichten und diese Erzählgelegenheiten geradezu zum Topos werden konnten, so sehen auch die Brüder Grimm den Platz des ihrer Meinung nach vornehmlich von Frauen erzählten Märchens vor allem in der Kinderstube und allgemein im (ländlichen) Haushalt. Ganz andere Ergebnisse hat allerdings die wissenschaftliche Volkserzählforschung zutage gefördert (s.o. 3.1.2), so daß sich unweigerlich die Frage aufdrängt, ob nicht irgendein Zusammenhang zwischen den antiken γραῶν μῦθοι bzw. *fabulae nutricularum* und der romantischen Märchenkonzeption der Brüder Grimm besteht.

Zweifelsohne waren den Brüdern Grimm die genannten und ähnliche Ausdrücke aus der antiken Literatur bekannt, die sie teilweise ja auch für die KHM und besonders für ihren Anmerkungsteil gezielt durchsahen. So findet sich bereits im Handexemplar von KHM 1 (1812) der zu den „Zeugnisse(n) für Kindermärchen" von der Hand Jacob Grimms nachgetragene Hinweis[2] auf die bei Quintilian, Inst. 1,9,2 (allerdings ohne Hinweis auf ihren Inhalt) erwähnten *fabulae nutricularum* und auf die die Erzählung von Amor und Psyche ankündigenden *aniles fabulae* aus Apuleius, Met. 4,27. Beide Stellen fanden als Belege für die vermeintliche Existenz des Märchens in der Antike dann auch Aufnahme in die späteren Auflagen der KHM. Zusammen mit Begriffen wie „mære", „Märlein" etc. und ihren Verwandten in den europäischen Volkssprachen des Mittelalters und der frühen Neuzeit galten die antiken Termini *fabulae nutricularum* etc. als Belege der romantischen Volksmärchentheorie der Brüder Grimm.

Daß die antiken und nachantiken Testimonien tatsächlich -wie von den Brüdern Grimm angenommen- voneinander unabhängige Zeugen einer kontinuierlichen sozialen Realität des Ammen- und Altweiber*märchens* darstellen, ist durch die Resultate der Märchenforschung der letzten Jahrzehnte jedoch zumindest sehr fraglich geworden; denn gerade diese seit der Antike in der Literatur recht häufig erwähnten Erzählgelegenheiten spielen, wie gezeigt werden konnte, im wissenschaftlich dokumentierten Leben der Gattung „Volksmärchen" eine eher untergeordnete Rolle.

---

[2] KHM 1 (1812) XXII sq.

Aus diesem Grund ist es nicht unwahrscheinlich, daß die romantische Volksmärchenkonzeption der Brüder Grimm, zumindest was die von ihnen postulierten Träger und den sozialen Ort des Märchens angeht, in wesentlichen Elementen dadurch beeinflußt worden sein könnte, daß die antike und die von ihr z.T. abhängige volkssprachliche Literatur des Mittelalters und der frühen Neuzeit das Geschichtenerzählen durch Ammen und (alte) Frauen, oft vor einem kindlichen Publikum, häufig erwähnt und mitunter geradezu zum Topos ausgebaut hat. Hinzu kommt, daß gerade die Aufklärung des 18. Jahrhunderts die despektierliche Phrase vom „Ammenmärchen" wieder verstärkt im Munde führt[3].

Eine mögliche Entwicklungslinie wäre dann in etwa folgendermaßen denkbar: Die seit dem 5. Jahrhundert v. Chr. von aufgeklärter Seite gerne zur Abqualifizierung von Erzählungen aus dem Bereich des Volksglaubens bzw. der niederen Mythologie verwendete Redensart vom Ammen- und Altweiber-„Märchen" wurde ebenso wie die bald topisch gewordene Vorstellung von den erzählfreudigen Spinnstuben auf literarischem Weg an das Mittelalter und die frühe Neuzeit und somit auch an die europäischen Volkssprachen vererbt. Dabei dürfte auch das Vorkommen der Redensart von den *aniles fabulae* im Neuen Testament (1. Tim. 4,7; s.o. 4.2.4) eine gewisse Rolle gespielt haben.

Anstatt jedoch mit einem direkten Zusammenhang dieser keineswegs echte Märchen bezeichnenden Begriffe und Topoi einer alten literarischen Tradition zu rechnen, mißdeuteten sie die Brüder Grimm gewissermaßen aufgrund einer „romantischen Voreingenommenheit" als voneinander unabhängige Reflexe der von ihnen postulierten Existenz eines zwar uralten, aber von den Gebildeten aller Zeiten verachteten und daher nicht schriftlich überlieferten Volksmärchens.

Diese Vorgehensweise erinnert fatal an die seit den Brüdern Grimm z.T. bis heute übliche Deutung von Literatur und Volksmärchen gemeinsamen Motiven und Erzählstrukturen als uralte „Märchenmotive" bzw. „märchentypische" Strukturen, die aus lebendiger mündlicher Erzähltradition in die Literatur gedrungen seien, während die Rezeption von Literatur durch das Märchen nur selten in Betracht gezogen wird.

Einen wichtigen Faktor für die Vitalität der genannten Wendungen vom Altweibermärchen dürfte (trotz ihrer mitunter auch zu beobachtenden Verwen-

---

[3] Cf. Moser-Rath, E., s.v. Ammenmärchen, in: EM 1 (1977) 463 sq. mit weiterer Literatur.

dung als Topos) tatsächlich ihr realer Hintergrund bilden: Ohne Zweifel haben in Antike, Mittelalter und (früher) Neuzeit Ammen, Kinderfrauen und Großmütter den von ihnen betreuten Kindern Geschichten erzählt, ebenso wie sich bis ins 20. Jahrhundert zu gemeinsamer Handarbeit versammelte Frauen durch Geschichtenerzählen gegenseitig unterhielten - hier haben die Brüder Grimm recht. Da damit über Inhalt und Gattungszugehörigkeit noch nichts ausgesagt ist, gibt es für die Interpretation derartiger Erzählungen als Märchen jedoch keinerlei Anhaltspunkt, zumal auch die Begriffe „Märchen", „Märlein" etc. sich erst im Laufe des 18. Jahrhunderts zu der von den Brüdern Grimm vorausgesetzten Bedeutung hin entwickeln - hier irren die Brüder Grimm (und viele Generationen von Märchenforschern und märchenforschenden Altphilologen nach ihnen).

In die gleiche Richtung weisen im übrigen die anderen europäischen Sprachen: Keine von ihnen kennt ein genaues Äquivalent zum deutschen „Märchen"[4]. Während Volkserzählungen verschiedener Art natürlich eine international verbreitete Erscheinung sind, erweist sich die auf bestimmten Ursprungs-, Alters- und Überlieferungshypothesen basierende Aussonderung einer Gruppe von Erzählungen und zugleich ihre Subsumption unter den Begriff „Märchen" als ein spezifisches Phänomen der in diesem Punkt besonders Herder verpflichteten deutschen Romantik.

Doch auch von inhaltlichen Aspekten abgesehen scheint es so, als ob sich die Brüder Grimm bei der Einordnung des von ihnen gesammelten Materials in einen idealen sozialen Kontext von der antiken, geradezu topisch zu nennenden Redensart vom Altweibermärchen und ihren volkssprachlichen Fortsetzern haben beeinflussen lassen: Nur so wird erklärbar, daß sie, obwohl sie die echten Lebensbedingungen der Volkserzählung nur sehr partiell wahrnahmen, trotzdem eine ziemlich feste Meinung vom idealen „Sitz im Leben" des Märchens vertraten, die offensichtliche Berührungspunkte mit dem seit der Antike geläufigen topischen Begriff vom irrationalen Geschwätz (alter) Frauen aufweist.

Hier schließt sich der hermeneutische Zirkel: Einerseits setzt die Interpretation der seit der Antike häufig erwähnten „Altweibermärchen" als echte Volksmärchen im Sinne der KHM die romantische Märchentheorie der Brüder Grimm bereits voraus; andererseits suchen diese ihre Theorie gerade durch die vermeintlichen Belege der antiken „Altweibermärchen" zu untermauern und in

---

[4] Cf. Lüthi 1996, 1 sq.

einigen wichtigen Punkten wie Alter, sozialem Ort und Trägerkreis des Märchens zu ergänzen. So läßt sich auch schlüssig erklären, warum die Brüder Grimm in ihrer Märchentheorie an der Auffassung festhielten, wenn nicht gar erst zu ihr gelangten, das Märchen sei seinem Wesen nach hauptsächlich Erzählung von *alten* Frauen (galten doch seit jeher alte Menschen als Garanten besonders alter Traditionen!) für andere Frauen und Kinder *auf dem Lande* (das alte, „ächt hessische" Traditionen besser bewahre), während ein Großteil der KHM doch von nicht zuletzt im französischen Buchmärchen des ausgehenden 17. und des 18. Jahrhunderts belesenen *jungen Damen* des gehobenen *städtischen Bildungsbürgertums* bzw. *ländlichen Kleinadels* herrührt.

## 5.3 Drei Thesen zum Abschluß

Die Ergebnisse der vorliegenden Arbeit lassen sich in folgenden drei Thesen zusammenfassen:

1. Das Märchen hat in der Antike noch nicht existiert, seinen Platz nahmen - soweit nachweisbar- insbesondere Erzählungen aus dem Bereich der (niederen) Mythologie bzw. des Volksglaubens ein. Um Mißverständnisse zu vermeiden, sollte der Terminus „Märchen", der eine aus komplexen Entstehungsbedingungen erwachsene und erst in der Neuzeit wirklich greifbare Gattung bezeichnet, im Zusammenhang mit der Antike nicht mehr verwendet werden.

2. Da auch die mittelalterliche Existenz des Märchens der neueren Forschung zunehmend problematisch erscheint, deutet sogar vieles darauf hin, daß die Volkserzählgattung „Märchen" weitgehend ein erst neuzeitliches Rezeptionsphänomen antiker, mittelalterlicher und auch neuzeitlicher Literatur und ihrer Motive und Handlungsstrukturen darstellt.

3. Die Subsumption dieses *mixtum compositum* unter die Rubrik „Volksmärchen" durch die Brüder Grimm geht an der sozialen Realität des Märchens vorbei und ist zu einem guten Teil durch einen auf einer gewissen romantischen Voreingenommenheit beruhenden Zirkelschluß bei der Deutung der seit der Antike gebräuchlichen topischen Redensart vom Ammen- und Altweiber-„Märchen" bedingt.

# Bibliographie

Angeführt werden alle Titel, die im Verlauf der Arbeit mehrfach zitiert werden. Nur einmal verwendete Literatur wird allein am jeweiligen Ort in den Fußnoten genannt. Nicht aufgelöste Abkürzungen von Zeitschriften folgen dem Abkürzungssystem der *Année Philologique*.

## 1. Abkürzungen und abgekürzt zitierte Literatur


AaTh (zitiert nach Nr.): Aarne, A., und St. Thompson, The Types of the Folktale. A Classification and Bibliography, Helsinki 2/1961 (FFC 184).

BAW: Die Bibliothek der Alten Welt.

BdA: Bibliothek der Antike.

BKV: Bibliothek der Kirchenväter. Eine Auswahl patristischer Werke in deutscher Übersetzung.

BP: Anmerkungen zu den Kinder- u. Hausmärchen der Brüder Grimm, neu bearbeitet von J. Bolte und G. Polívka, 5 voll., Leipzig 1913-1932.

BT: Bibliotheca scriptorum Graecorum et Romanorum Teubneriana.

CGLC: Cambridge Greek and Latin Classics.

EM: Enzyklopädie des Märchens. Handwörterbuch zur historischen und vergleichenden Erzählforschung, begründet von K. Ranke, ed. von R. W. Brednich zusammen mit H. Bausinger et al., bisher 9 voll., Berlin und New York 1977 sqq.

FFC: Folklore Fellows Communications.

FGrHist: Die Fragmente der griechischen Historiker, von F. Jacoby, 3 Teile, Berlin und Leiden 1923-1958; vermehrter Nachdruck des 1. Teils, Leiden 1957.

FHG: Fragmenta Historicorum Graecorum, edd. C. Müller (vol. 1-5) und Th. Müller (vol. 1), 5 voll., Paris 1841-1870.

GRF: Grammaticae Romanae Fragmenta, collegit rec. H. Funaioli, Stuttgart 2/1969 (= 1907) (BT).

GVI: Peek, W. (ed.), Griechische Vers-Inschriften, vol. 1: Grab-Epigramme, Berlin 1955.

HDM: Handwörterbuch des Deutschen Märchens, ed. Lutz Mackensen, vol. 1-2 (mehr nicht erschienen), Berlin und Leipzig 1930-1940 (Handwörterbücher zur Deutschen Volkskunde, Abt II: Märchen).

KHM 1 (1812) und 2 (1815): Kinder- und Hausmärchen. Gesammelt durch die Brüder Grimm. Vergrößerter Nachdruck der zweibändigen Erstausgabe von 1812 und 1815 nach dem Handexemplar des Brüder-Grimm-Museums in Kassel mit sämtlichen Korrekturen und Nachträgen der Brüder Grimm sowie einem Ergänzungsheft:

Transkriptionen und Kommentare von U. Marquardt und H. Rölleke, 3 voll., Göttingen 1986.

KHM 1/2 (1857) und 3 (1856): Brüder Grimm, Kinder- und Hausmärchen. Ausgabe letzter Hand mit den Originalanmerkungen der Brüder Grimm, mit einem Anhang sämtlicher, nicht in allen Auflagen veröffentlichter Märchen und Herkunftsnachweisen ed. von H. Rölleke, 3 voll., Stuttgart 1980 (UB 3191-3193).

Kl. Pauly: Der Kleine Pauly: Lexikon der Antike. Auf der Grundlage von Pauly's Realencyclopädie der classischen Altertumswissenschaft unter Mitwirkung zahlreicher Fachgelehrter bearbeitet und ed. von K. Ziegler und W. Sontheimer, 5 voll., München 1979.

LAW: Lexikon der Alten Welt, ed. C. Andresen et al., Zürich und Stuttgart 1965.

LCL: The Loeb Classical Library.

LMA: Lexikon des Mittelalters, 9 voll., München und Zürich 1980-1998.

MdW: Märchen der Weltliteratur.

OCD: The Oxford Classical Dictionary. Third Edition, ed. by S. Hornblower and A. Spawforth, Oxford und New York 1996.

OCT: Scriptorum Classicorum Bibliotheca Oxoniensis.

PL: Patrologiae cursus completus, ed. J.-P. Migne, Series Latina, 217 voll., Paris 1844-1855 u.ö.

RAC: Reallexikon für Antike und Christentum. Sachwörterbuch zur Auseinandersetzung des Christentums mit der antiken Welt, begr. von F. J. Dölger et al., ed. von E. Dassmann et al., bisher 18 voll., 1 Suppl.-vol., 1 Register-vol., Stuttgart 1950 sqq.

RE: Paulys Realencyclopädie der classischen Altertumswissenschaft. Neue Bearbeitung begonnen von G. Wissowa, fortgeführt von W. Kroll und K. Mittelhaus, unter Mitwirkung zahlreicher Fachgenossen ed. von K. Ziegler, 34 voll., 15 Suppl.-voll., München 1893-1978, 2 Register-voll. 1980 und 1997.

SCL: Sather Classical Lectures.

SQAW: Schriften und Quellen der Alten Welt.

SVF: Stoicorum Veterum Fragmenta, collegit I. ab Arnim, 3 voll., Leipzig 1903-1905.

TuK: Texte und Kommentare. Eine altertumswissenschaftliche Reihe.

UB: Universal-Bibliothek.

VdEM: Veröffentlichungen der Europäischen Märchengesellschaft.

VS: Die Fragmente der Vorsokratiker, griechisch und deutsch von H. Diels, ed. von W. Kranz, 3 voll., Dublin und Zürich 12/1966/67 (= 6/1951/52).

WdF: Wege der Forschung.

## 2. Verwendete Textausgaben, Kommentare und Übersetzungen

**Ailios Aristeides**:
Aelii Aristidis Smyrnaei quae supersunt omnia, ed. B. Keil, vol. 2: orationes XVII-LIII continens, Berlin 1898.

**Apuleius**:
Apuleius, Metamorphosen oder Der goldene Esel, lateinisch und deutsch von R. Helm. Sechste durchgesehene und erweiterte Auflage besorgt von W. Krenkel, Darmstadt 6/1970.

Apuleius, Cupid & Psyche, ed. by E. J. Kenney, Cambridge et al. 1990 (CGLC).

Apuleius, The Golden Ass. Translated with Introduction and Explanatory Notes by P.G. Walsh, Oxford 1994.

**Aristophanes**:
Radermacher, L., Aristophanes' „Frösche", Einleitung, Text und Kommentar. Mit einem Nachwort, Zusätzen aus dem Handexemplar des Verfassers und weiteren Hinweisen, besorgt von W. Kraus, Graz et al. 3/1967 (= 2/1954) (SBAW 198,4).

Aristophanes, Lysistrate, erklärt von U. von Wilamowitz-Moellendorff, Berlin 1927.

Aristophanes, Lysistrata, Ed. with Introduction and Commentary by J. Henderson, Oxford 1987.

Aristophanes' Werke, übersetzt von L. Seeger. Neue Auflage mit Einleitung von H. Fischer und W. Schmid, 3 voll., Stuttgart und Berlin o.J. (1910).

**Arnobius**:
Arnobii Adversus Nationes libri VII, rec. C. Marchesi, Torino et al. 2/1953 (Corpus Scriptorum Latinorum Paravianum).

**Chrysipp**:
SVF 3: Chrysippi fragmenta moralia. Fragmenta successorum Chrysippi, Leipzig 1903.

**Cicero**:
M. Tulli Ciceronis De Natura Deorum Libri III, ed. by A. St. Pease, Bimillennial Edition, 2 voll., Cambridge/Mass. 1955 und 1958.

*M. Tullius Cicero*, De natura deorum. Über das Wesen der Götter. Lateinisch/deutsch, übersetzt und ed. von U. Blank-Sangmeister, Nachwort von K. Thraede, Stuttgart 1995 (UB 6881).

**Demon**:
FGrHist 3. Teil: Geschichte von Städten und Völkern (Horographie und Ethnographie) - B: Autoren über einzelne Städte (Länder) Nr. 297-607, Leiden 1950, hier: Nr. 327.

**Dion Chrysostomos**:
Dio Chrysostom, with an English Translation by J. W. Cohoon, vol. 1, London und New York 1932 (LCL).

Dion Chrysostomos, Sämtliche Reden, eingeleitet, übersetzt und erläutert von W. Elliger, Zürich und Stuttgart 1967 (BAW Griechische Reihe).

**Euripides**:
Wilamowitz-Moellendorff, U. von, Euripides, Herakles, 2. Bearbeitung, 3 voll., Berlin 1959 (= 1895).

Euripides, *Hypsipyle*, ed. by G. W. Bond, Oxford 1963 (Oxford Classical & Philosophical Monographs).

Euripides, Hypsipyle. Text and Annotation based on a Re-examination of the Papyri by W. E. H. Cockle, Roma 1987 (Testi e Commenti - Texts and Commentaries 7).

Euripides, Sämtliche Tragödien und Fragmente, griechisch und deutsch, vol. 6: Fragmente, Der Kyklop, Rhesos, übersetzt von G. A. Seeck (Fragmente), J. J. C. Donner (Der Kyklop), W. Binder (Rhesos), ed. von G. A. Seeck, München 1981 (Tusculum).

Euripides, Ion, erklärt von U. von Wilamowitz-Moellendorff, Berlin 1926.

Euripides, Tragödien. Vierter Teil: Elektra, Helena, Iphigenie im Lande der Taurer, Ion. Griechisch und deutsch von D. Ebener, Berlin 1977 (SQAW 30,4).

Euripides, Tragödien. Sechster Teil: Iphigenie in Aulis, Die Bakchen, Der Kyklop. Griechisch und deutsch von D. Ebener, Berlin 1980 (SQAW 30,6).

**Festus**:
Sexti Pompei Festi De Verborum Significatu quae supersunt cum Pauli Epitome. Thewrewkianis copiis usus ed. W. M. Lindsay, Leipzig 1913 (BT).

**Hieronymus**:
Sancti Eusebii Hieronymi Stridonensis Presbyteri Opera Omnia, rec. J.-P. Migne, vol. 2, Paris 1883 (PL 23).

Des heiligen Kirchenvaters Eusebius Hieronymus ausgewählte historische, homiletische und dogmatische Schriften, aus dem Lateinischen übersetzt von L. Schade, Kempten und München 1914 (BKV 15).

**Horaz**:
Q. Horatius Flaccus, Oden und Epoden, erklärt von A. Kiessling, Berlin 2/1890.

**Julian Apostata**:
L'Empereur Julien, Œuvres complètes, tome II - 1er partie: discours de Julien Empereur. Texte établi et traduit par G. Rochefort, Paris 1963 (Collection des Universités de France).

**Kallimachos**:
Callimachi Poemata - Die Dichtungen des Kallimachos, griechisch und deutsch, übertragen, eingeleitet und erklärt von E. Howald und E. Staiger, Zürich 1955 (BAW Griechische Reihe).

**Libanios**:
Libanii Opera, rec. R. Foerster, vol. 3: Orationes XXVI - L, Hildesheim 2/1963 (= 1906: BT).

**Lukian**:
Luciani Opera, recognovit brevique adnotatione critica instruxit M. D. Macleod, 4 voll., Oxford 1972-1987 (OCT).

Lukian, Werke in drei Bänden, übersetzt von Chr. M. Wieland, ed. von J. Werner und H. Greiner-Mai, 3 voll., Berlin und Weimar 2/1981 (BdA Griechische Reihe).

**Maximos von Tyros**:
Maximus Tyrius, Philosophumena - Διαλέξεις, ed. G. L. Koniaris, Berlin und New York 1995 (TuK 17).

**Menander**:
Menandri Reliquiae selectae, iteratis curis nova appendice auctas rec. F. H. Sandbach, Oxford 1991 (OCT).

Menander - Herondas, Werke in einem Band, aus demGriechischen übertragen von K. und U. Treu, Berlin und Weimar 1980 (BdA Griechische Reihe).

**Minucius Felix**:
M. Minucius Felix, Octavius. Lateinisch/deutsch, ed. und übersetzt von B. Kytzler, Stuttgart 3/1993 (UB 9860).

**Ovid**:
P. Ovidi Nasonis Epistulae Heroidum, quas H. Dörrie ad fidem codicum ed., Berlin und New York 1971 (TuK 6).

Publius Ovidius Naso, Liebesbriefe: Heroides - Epistulae. Lateinisch-deutsch ed. und übersetzt von B. W. Häuptli, Darmstadt 1995 (Tusculum).

Publius Ovidius Naso, Metamorphosen. In deutsche Hexameter übertragen und ed. von E. Rösch. Mit einer Einführung von N. Holzberg, München und Zürich 11/1988 (Tusculum).

P. Ovidius Naso, Metamorphosen. Kommentar von F. Bömer. Buch IV-V, Heidelberg 1976 (Wissenschaftliche Kommentare zu griechischen und lateinischen Schriftstellern).

**Philostratos**:
Flavii Philostrati Heroicus, ed. L. de Lannoy, Leipzig 1977 (BT).

Philostratos, Die Bilder, griechisch-deutsch, nach Vorarbeiten von E. Kalinka ed., übersetzt und erläutert von O. Schönberger, München 1968 (Tusculum).

**Platon**:
Platon, Werke in acht Bänden, griechisch und deutsch, ed. G. Eigler, bearbeitet von H. Hofmann et al., griechischer Text von L. Bodin et al., deutsche Übersetzung von F. Schleiermacher et al., Darmstadt 1990.

Plato, Gorgias. A Revised Text with Introduction and Commentary by E. R. Dodds, Oxford 1959.

Plato on Poetry: Ion; Republic 376e-398b9; Republic 595-608b10, ed. by P. Murray, Cambridge et al. 1996 (CGLC).

**Plutarch**:
Plutarchi Vitae parallelae, recc. C. Lindskog et K. Ziegler, vol.1, fasc.1, iterum rec. K. Ziegler, Leipzig 1969 (BT).

Plutarch, Große Griechen und Römer, eingeleitet und übersetzt von K. Ziegler, vol. 1, Zürich und Stuttgart 1954 (BAW Griechische Reihe).

Plutarch, Kinderzucht, griechisch und deutsch, München 2/1947 (Tusculum).

**Pomponius Porphyrio**:
Pomponii Porphyrionis Commentarii in Q. Horatium Flaccum, rec. G. Meyer, Leipzig 1874 (BT).

**Strabon**:
Strabonis Geographica, rec. W. Aly. Vol. 1: Praemonenda de nova Geographicorum editione. Libri I-II (Prolegomena Strabonis), quos ab editore prelo datos iteratis curis perpoliverunt E. Kirsten et F. Lapp. Praefatiunculam scripsit H. Hommel, Bonn 1968 (Antiquitas, Reihe 1: Abhandlungen zur Alten Geschichte 9).

**Tacitus**:
P. Cornelii Taciti Dialogus de Oratoribus, mit Prolegomena, Text und Adnotatio Critica, exegetischem und kritischem Kommentar, Bibliographie und Index Nominum et Rerum von A. Gudeman, Amsterdam 3/1967.

P. Cornelius Tacitus, Dialogus de oratoribus. Das Gespräch über die Redner, lateinisch-deutsch ed. H. Volkmer, München 3/1979 (Tusculum).

**Tertullian**:
Tertullien, Contre les Valentiniens. Introduction, texte critique, traduction (vol. 1), commentaire et index (vol. 2) par J.-C. Fredouille, 2 voll., Paris 1980 und 1981 (Sources Chrétiennes 280 und 281).

**Theokrit**:
Theokrit, Gedichte, griechisch-deutsch ed. F. P. Fritz, München 1970 (Tusculum).

**Tibull**:
Tibull und sein Kreis, lateinisch und deutsch ed. W. Willige, München 2/1966 (Tusculum).

**Vergil**:
Vergil, Landleben: Bucolica, Georgica, Catalepton, ed. J. und M. Götte. Vergil-Viten, ed. K. Bayer. Lateinisch und deutsch, München 1970 (Tusculum).

Virgil, Georgics. Ed. with a Commentary by R. A. B. Mynors, Oxford 1990.

Vergil, Georgica, ed. und erklärt von W. Richter, München 1957 (Das Wort der Antike 5).

## 3. Sonstige Literatur

Ackermann, E., Märchen der Antike, ed. und bearbeitet von E. Ackermann, Frankfurt/Main 2/1986.

Aly, W., s.v. Märchen, in: RE 14,1 (1928) 254-281.

Aly, W., Volksmärchen, Sage und Novelle bei Herodot und seinen Zeitgenossen. Eine Untersuchung über die volkstümlichen Elemente der altgriechischen Prosaerzählung, 2. durchgesehene Auflage besorgt und mit einem Nachwort versehen von L. Huber, Göttingen 1969.

Bausinger, H., Formen der „Volkspoesie“, Berlin 2/1980 (Grundlagen der Germanistik 6).

Bausinger, H., s.v. Märchen, in: EM 9,1 (1997) 250-274.

Beck, F. A. G., Greek Education 450 - 350 B.C., London 1964.

Bertolini, F., Dal folclore all'epica: esempi di trasformazione e adattamento, in: D. Lanza und O. Longo (edd.), Il meraviglioso e il verosimile tra antichità e medioevo, Firenze 1989 (Biblioteca dell' „Archivum Romanicum“ Serie 1, 221), 131-152.

Bethe, E., Märchen - Sage - Mythus, Leipzig o.J. (1922).

Bickel, E., Homer. Die Lösung der Homerischen Frage, Bonn 1949.

Binder, G. und R. Merkelbach (edd.), Amor und Psyche, Darmstadt 1968 (WdF 126).

Bîrlea, O., Über das Sammeln volkstümlichen Prosaerzählgutes in Rumänien, trad. M. Bürger, in: Karlinger, F. (ed.), Wege der Märchenforschung, Darmstadt 1973 (WdF 255), 445-466.

Brednich, R. W., s.v. Meleager, in: EM 9,2 (1998) 547-551.

Bremmer, J., What is a Greek Myth?, in: Bremmer, J. (ed.), Interpretations of Greek Mythology, London und Sydney 1987, 1-9.

Brinkmann, O., Das Erzählen in einer Dorfgemeinschaft, Münster 1933 (Veröffentlichungen der Volkskundlichen Kommission des Provinzialinstituts für Westfälische Landes- und Volkskunde, Erste Reihe, 4).

Brommer, F., Herakles II: Die unkanonischen Taten des Helden, Darmstadt 1984.

Burke, P., Helden, Schurken und Narren. Europäische Volkskultur in der frühen Neuzeit, trad. S. Schenda. Ed. und mit einem Nachwort von R. Schenda, Stuttgart 1981.

Burkert, W., Mythisches Denken. Versuch einer Definition an Hand des griechischen Befundes, in: H. Poser (ed.), Philosophie und Mythos. Ein Kolloquium, Berlin und New York 1979, 16-39 (= Burkert 1979 a).

Burkert, W., Structure and History in Greek Mythology and Ritual, Berkeley et al. 1979 (SCL 47) (= Burkert 1979 b).

Burkert, W., Mythos und Mythologie, in: Propyläen Geschichte der Literatur. Literatur und Gesellschaft der westlichen Welt, vol. 1: Die Welt der Antike 1200 v. Chr. - 600 n. Chr., Berlin 1981, 11-35.

Burkert, W., Vom Nachtigallenmythos zum „Machandelboom“, in: Siegmund 1984, 113-125.

Burkert, W., Mythos - Begriff, Struktur, Funktionen, in: Graf 1993, 9-24.

Buxton, R., Imaginary Greece: The contexts of mythology, Cambridge et al. 1994.

Calhoun, G. M., Homer's Gods - Myth and Märchen, in: AJPh 60 (1939) 1-28.

Clausen-Stolzenburg, M., Märchen und mittelalterliche Literaturtradition, Diss. Kiel 1994, Heidelberg 1995 (Beiträge zur neueren Literaturgeschichte, Folge 3, 138).

Crusius, O., Märchenreminiscenzen im antiken Sprichwort, in: Verhandlungen der vierzigsten Versammlung deutscher Philologen und Schulmänner in Görlitz vom 2. bis 5. Oktober 1889, Leipzig 1890, 32-47.

Dégh, L., Märchen, Erzähler und Erzählgemeinschaft, dargestellt an der ungarischen Volksüberlieferung, Berlin 1962 (Deutsche Akademie der Wissenschaften, Veröffentlichungen des Instituts für Deutsche Volkskunde 23).

Dégh, L., s.v. Biologie des Erzählguts, in: EM 2 (1979) 386-406.

Dégh, L., s.v. Erzählen, Erzähler, in: EM 4 (1984) 315-342.

Edmunds, L., Myth in Homer: A Handbook, Highland Park 2/1993.

Fehling, D., Die Quellenangaben bei Herodot. Studien zur Erzählkunst Herodots, Berlin und New York 1971 (Untersuchungen zur antiken Literatur und Geschichte).

Fehling, D., Erysichthon oder das Märchen von der mündlichen Überlieferung, in: RhM 115 (1972) 173-196.

Fehling, D., Amor und Psyche - Die Schöpfung des Apuleius und ihre Einwirkung auf das Märchen, eine Kritik der romantischen Märchentheorie, Wiesbaden 1977 (AAWM 1977, 9).

Fehling, D., Die alten Literaturen als Quelle der neuzeitlichen Märchen, in: Siegmund 1984, 79-92.

Fink, G.-L., Volk und Volksdichtung in der ersten Berliner Romantik, in: R. Brinkmann (ed.), Romantik in Deutschland. Ein interdisziplinäres Symposion, Stuttgart 1978 (Deutsche Vierteljahresschrift für Literaturwissenschaft und Geistesgeschichte; Sonderband) 532-549.

Friedländer, L., Darstellungen aus der Sittengeschichte Roms in der Zeit von Augustus bis zum Ausgang der Antonine, vol. 1, besorgt von G. Wissowa, Leipzig 10/1922.

Friedländer, L., Darstellungen aus der Sittengeschichte Roms in der Zeit von August bis zum Ausgang der Antonine, vol. 4 (Anhänge), ed. G. Wissowa, Leipzig 9 und 10/1921.

Germain, G., Genèse de l'Odyssée. Le fantastique et le sacré, Paris 1954.

Gigon, O., Gegenwärtigkeit und Utopie. Eine Interpretation von Platons „Staat", vol. 1: Buch I-IV, Zürich und München 1976 (BAW Reihe Forschung und Deutung).

Glenn, J., The Polyphemus Folktale and Homer's *Kyklôpeia*, in: TAPhA 102 (1971) 133-181.

Graf, F. (ed.), Mythos in mythenloser Gesellschaft, Stuttgart und Leipzig 1993 (Colloquium Rauricum 3).

Graf, F., Griechische Mythologie. Eine Einführung, Düsseldorf und Zürich 4/1997.

Grätz, M., Das Märchen in der deutschen Aufklärung. Vom Feenmärchen zum Volksmärchen, Stuttgart 1988 (Germanistische Abhandlungen 63).

Griffiths, A. H., s.v. folk-tale, in: OCD (1996) 602 sq.

Grimm, J., Vorrede zu G. Basile, Der Pentamerone - oder: Das Märchen aller Märchen, aus dem Neapolitanischen übertragen von F. Liebrecht, Breslau 1846, 5-24, in: Kleinere Schriften, vol. 8, Gütersloh 1890.

Grimm, W., Einleitung. Über das Wesen der Märchen, in: Kleinere Schriften, vol. 1, ed. G. Hinrichs, Berlin 1881, 333-358 (= KHM 1, 2. Auflage (1819) XXI-LIV).

Grimm, W., Die Sage von Polyphem, in: Kleinere Schriften, vol. 4, ed. G. Hinrichs, Gütersloh 1887, 428-462 (zuerst in: SPAW 1857, 1-30).

von Hahn, J. G., Griechische und albanesische Märchen. Gesammelt, übersetzt und erläutert von J. G. von Hahn, 2 voll., Leipzig 1864.

Halliday, W. R., Greek and Roman Folklore, New York 2/1963 (= 1927) (Our Debt to Greece and Rome).

Halliday, W. R., Indo-European Folktale and Greek Legend, Cambridge 1933 (The Gray-Lectures 1932).

Halliwell, St., The Republic's Two Critiques of Poetry (Book II 376c-III 398b, Book X 595a-608b), in: O. Höffe (ed.), Platon, Politeia, Berlin 1997 (Klassiker Auslegen 7), 313-332.

Hansen, W., Homer and the Folktale, in: Morris/Powell 1997, 442-462.

Hausrath, A. und A. Marx, Griechische Märchen. Märchen, Fabeln, Schwänke und Novellen aus dem klassischen Altertum, ausgewählt und übertragen von A. Hausrath und A. Marx, Jena 2/1922.

Heubeck, A., Die Homerische Frage. Ein Bericht über die Forschung der letzten Jahrzehnte, Darmstadt 1974 (Erträge der Forschung 27).

Hölscher, U., Die Odyssee: Epos zwischen Märchen und Roman, München 3/1990.

Holbek, B., Interpretation of Fairy Tales. Danish Folklore in a European Perspective, Helsinki 1987 (FFC 239).

Honko, L., s.v. Gattungsprobleme, in: EM 5 (1987) 744-769.

Hose, M., Studien zum Chor bei Euripides, 2 voll., Stuttgart 1990 und 1991 (Beiträge zur Altertumskunde 10 und 20).

Hübner, K., Die Wahrheit des Mythos, München 1985.

Jolles, A., Einfache Formen: Legende / Sage / Mythe / Rätsel / Spruch / Kasus / Memorabile / Märchen / Witz, Darmstadt 2/1958.

Kahlo, G., s.v. Altersbestimmung der Märchen, Wege zur, in: HDM 1 (1930/33) 55-62.

Kakridis, J. Th., Ἀραί. Μυθολογικὴ Μελέτη, Ἀθῆναι 1929.

Kakridis, J. Th., ΜΕΛΕΑΓΡΕΙΑ, in: Philologus 90 (1935) 1-25.

Kakridis, J. Th., Homeric Researches, Lund 1949 (Skrifter utgivna av Kungl. Humanistiska Vetenskapssamfundet i Lund 45).

Kakridis, J. Th., s.v. Märchen, in: LAW (1965) 1806-1808.

Karlinger, F., Geschichte des Märchens im deutschen Sprachraum, Darmstadt 2/1988.

Kirk, G. S., Myth, its Meaning and Functions in Ancient and Other Cultures, Cambridge et al. 1970 (SCL 40).

Kirk, G. S., Griechische Mythen. Ihre Bedeutung und Funktion, trad. R. Schein, Berlin 1980.

Klinger, W., Zur Märchenkunde, in: Philologus 66 (1907) 336-345.

Kroll, W., Sage und Dichtung, in: NJA 15 (1912) 161-180.

Lemmer, M., Die Brüder Grimm, Leipzig 3/1985 (Bildbiographie).

Lesky, A., Alkestis, der Mythos und das Drama, Wien 1925 (SBAW 203, 2).

Lesky, A., Die tragische Dichtung der Hellenen, Göttingen 3/1972 (Studienhefte zur Altertumswissenschaft 2).

von der Leyen, F., Die Welt der Märchen, vol. 1, Düsseldorf o.J. (1953).

von der Leyen, F., Das Märchen. Ein Versuch, Heidelberg 4/1958.

Lübke, H., Rez. Th. Zielinski, Die Märchenkomödie in Athen, in: BPhW 6 (1886) 41-44.

Lüthi, M., Märchen, bearbeitet von H. Rölleke, Stuttgart 9/1996 (Sammlung Metzler 16).

Mackensen, Ludwig, s.v. Antike Motive im deutschen Märchen, in: HDM 1(1930/33) 81-90.

Mantero, T., Amore e Psiche. Struttura di una „fiaba di magia", Genova 1973 (Pubblicazioni dell'Istituto di Filologia Classica dell'Università di Genova 36).

Marichal, W., Volkserzählgut und Volksglaube in der Gegend von Malmedy und Altsalm, Würzburg 1942.

Marrou, H.-I., Geschichte der Erziehung im Klassischen Altertum, trad. Ch. Beumann, ed. R. Harder, Freiburg und München 1957.

Mazenauer, B. und S. Perrig, Wie Dornröschen seine Unschuld gewann. Archäologie der Märchen. Mit einem Essay von P. Bichsel, Leipzig 1995.

Mensching, E., s.v. Märchen 1 (Griech.-röm.), in: Kl. Pauly 3 (1979) 866-868.

Meraklis, M., Das griechische Märchen, in: Studien zum griechischen Märchen, eingeleitet, übersetzt und bearbeitet von W. Puchner, Wien 1992 (Raabser Märchen-Reihe 9) (zuerst in neugriechischer Sprache unter dem Titel: Το ελληνικό παραμύθι, in: Τα παραμύθιά μας, Θεσσαλονίκη 1973, 47-74).

Morris, I. und B. Powell (edd.), A New Companion to Homer, Leiden et al. 1997 (Mnemosyne Suppl. 163).

Neumann, S., Mecklenburgische Erzähler der Gegenwart und ihre Märchen, in: Uther 1990, 102-114.

Nilsson, M. P., Geschichte der griechischen Religion, vol. 1: Die Religion Griechenlands bis auf die griechische Weltherrschaft, München 2/1955 (Handbuch der Altertumswissenschaft 5,2,1).

Nordheider, H. W., Chorlieder des Euripides in ihrer dramatischen Funktion, Frankfurt/Main et al. 1980 (Europäische Hochschulschriften, Reihe XV: Klassische Sprachen und Literaturen 17).

Oberfeld, Ch. (ed.), Wie alt sind unsere Märchen, Regensburg 1990 (VdEM 14).

Olrik, A., Epische Gesetze der Volksdichtung, in: Zeitschrift für Deutsches Altertum und Deutsche Literatur 51 (1909) 1-12.

Opelt, I., Ciceros Schrift De natura deorum bei den lateinischen Kirchenvätern, in: A&A 12 (1966) 141-155.

Otto, A., Die Sprichwörter und sprichwörtlichen Redensarten der Römer, gesammelt und erklärt, Leipzig 1890.

Page, D., The Homeric Odyssey, Oxford 1955 (The Mary Flexner Lectures delivered at Bryn Mawr College Pennsylvania).

Panagl, O., Die „dithyrambischen Stasima" des Euripides. Untersuchungen zur Komposition und Erzähltechnik, Wien 1971 (Dissertationen der Universität Wien 54).

Patzer, H. und U. Hölscher, Die homerische *Odyssee* - Märchen, Roman oder stilisierte Adelswirklichkeit?, in: Poetica 22 (1990) 488-513.

Petersmann, H., Homer und das Märchen, in: WS 94 (1981) 43-68.

Petersmann, H., Vom Märchen zur epischen Sage. Eine sprach- und motivgeschichtliche Untersuchung zu den Namen der Hauptpersonen in der Meleagris, in: Sphairos, Hans Schwabl zum 70. Geburtstag gewidmet, vol. 1, Wien 1994/95 = WS 107/108 (1994/95) 15-27.

Pfister, F., Die Religion der Griechen und Römer (mit einer Einführung in die vergleichende Religionswissenschaft). Darstellung und Literaturbericht (1918-1929/30), Leipzig 1930 (JAW Suppl. 229).

Pöge-Alder, K., *Märchen* als mündlich tradierte Erzählungen des *Volkes*? Zur Wissenschaftsgeschichte der Entstehungs- und Verbreitungstheorien von *Volksmärchen* von den Brüdern Grimm bis zur Märchenforschung in der DDR, Frankfurt/Main et al. 1994 (Europäische Hochschulschriften, Reihe I: Deutsche Sprache und Literatur 1479).

Propp, V., Morphologie des Märchens, übersetzt von Chr. Wendt, ed. von K. Eimermacher, München 1972 (Literatur als Kunst).

Radermacher, L., Lucian, Philopseudes Cap. 11 und 24, in: RhM 60 (1905) 315-317.

Radermacher, L., Eine aristophanische Reminiszenz?, in: RhM 66 (1911) 176-182.

Radermacher, L., Die Erzählungen der Odyssee, Wien 1915 (SBAW 178,1).

Radermacher, L., Griechische Quellen zur Faustsage: Der Zauberer Cyprianus. Die Erzählung des Helladius. Theophilus, eingeleitet, ed. und übersetzt, Wien und Leipzig 1927 (SBAW 206,4).

Radermacher, L., Mythos und Sage bei den Griechen, Brünn et al. 2/1943.

Rakelmann, G. A., Orale Tradition im Wandel - mündliche Überlieferung bei Zigeunern, in: Oberfeld 1990, 185-198 und 245.

Ranke, F., Volkssagenforschung. Vorträge und Aufsätze, Breslau 1935 (Deutschkundliche Arbeiten. Veröffentlichungen aus dem Deutschen Institut der Universität Breslau A. Allgemeine Reihe 4).

Ranke, F., Sage und Märchen, in: Ranke 1935, 11-25 (zuerst in: Bayerische Hefte für Volkskunde 3, 1916).

Reinhardt, K., Die Abenteuer der Odyssee, in: Von Werken und Formen, Godesberg 1948, 52-162 und 497-507.

Reitzenstein, R., Das Märchen von Amor und Psyche bei Apuleius, in: Binder/Merkelbach 1968, 87-158 (= Leipzig 1912).

Reitzenstein, R., Hellenistische Wundererzählungen, Leipzig 2/1922.

Röhrich, L., Märchen und Wirklichkeit, Wiesbaden 2/1964.

Röhrich, L., Sage und Märchen. Erzählforschung heute, Freiburg et. al. 1976 (= Röhrich 1976 a).

Röhrich, L., Das Kontinuitätsproblem bei der Erforschung der Volksprosa, in: Röhrich 1976 a 292-301 und 331-333 (zuerst in: Bausinger, H. und W. Brückner (edd.), Kontinuität? Geschichtlichkeit und Dauer als Volkskundliches Problem, Berlin 1969, 117-133), (= Röhrich 1976 b).

Röhrich, L., Erzählungen des Spätmittelalters zwischen Schriftlichkeit und Mündlichkeit, in: Dinzelbacher, P. und H.-D. Mück (edd.), Volkskultur des europäischen Spätmittelalters, Stuttgart 1987 (Böblinger Forum 1) 199-222.

Röhrich, L., Wechselwirkungen zwischen oraler und literaler Tradierung, in: Oberfeld 1990, 51-70 und 238 sq.

Röhrich, L., Märchen und Mythen, in: Graf 1993, 295-304.

Rölleke, H., Die „stockhessischen" Märchen der „Alten Marie". Das Ende eines Mythos um die frühesten Märchenaufzeichnungen der Brüder Grimm, in: Germanisch-Romanische Monatsschrift 56 (1975) 74-86 (= Rölleke 1985 b, 39-54 und in: „Nebeninschriften". Brüder Grimm - Arnim und Brentano - Droste-Hülshoff. Literarhistorische Studien, Bonn 1980 (Gesamthochschule Wuppertal, Schriftenreihe Literaturwissenschaft 16), 1-15).

Rölleke, H., Die Brüder Grimm in Spinnstuben, dämmrigen Küchenwinkeln und an Kohlenmeilern? Oder: Über die Fragwürdigkeit tertiärer Überlieferungen, in: Aurora 43 (1984) 160-168 (= Rölleke 1985 b, 121-132).

Rölleke, H., Die Märchen der Brüder Grimm. Eine Einführung, München und Zürich 1985 (Artemis Einführungen 18) (= Rölleke 1985 a).

Rölleke, H., „Wo das Wünschen noch geholfen hat": Gesammelte Aufsätze zu den „Kinder- und Hausmärchen" der Brüder Grimm, Bonn 1985 (Wuppertaler Schriftenreihe Literatur 23) (= Rölleke 1985 b).

Rölleke, H. s.v. Kinder- und Hausmärchen, in: EM 7 (1993) 1278-1297.

Rose, H. J., Rez. W. R. Halliday, Indo-European Folktale and Greek Legend, in: JHS 53 (1933) 326.

Schenda, R., Von Mund zu Ohr: Bausteine zu einer Kulturgeschichte volkstümlichen Erzählens in Europa, Göttingen 1993 (Sammlung Vandenhoeck).

Schlam, C. C., The Metamorphoses of Apuleius: On Making an Ass of Oneself, Chapel Hill und London 1992.

Schlam, C. C., Cupid and Psyche: Folktale and Literary Narrative, in: H. Hofmann (ed.), Groningen Colloquia on the Novel V, Groningen 1993, 63-73.

Schmidt, B., Neugriechische Märchen, Sagen und Volkslieder, Hildesheim und New York 2/1978 (= 1877) (Volkskundliche Quellen III: Märchen und Schwank).

Schuster, M., Zum Mythosbegriff in der Ethnologie, in: Graf 1993, 271-283.

Schweitzer, B., Herakles. Aufsätze zur griechischen Religions- und Sagengeschichte, Tübingen 1922.

Scobie, A., Storytellers, Storytelling, and the Novel in Graeco-Roman Antiquity, in: RhM 122 (1979) 229-259.

Scobie, A., Apuleius and Folklore. Toward a History of ML3045, AaTh567, 449a, London 1983 (Mistletoe Series 17).

Siegmund, W. (ed.), Antiker Mythos in unseren Märchen, Kassel 1984 (VdEM 6).

Stählin, G., s.v. μῦθος, in: Theologisches Wörterbuch zum Neuen Testament, ed. G. Kittel, vol. 4: Λ-N, Stuttgart 1942, 769-803.

Steinbauer, M. A., Das Märchen vom Volksmärchen. Jean-François Bladé und die *Contes populaires de la Gascogne* - Problematik einer Märchensammlung des 19. Jahrhunderts. Frankfurt/Main et al. 1988 (Europäische Hochschulschriften, Reihe XIII: Französische Sprache und Literatur 126).

Swahn, J.-Ö., The Tale of Cupid and Psyche (Aarne-Thompson 425 & 428), Lund 1955.

Swahn, J.-Ö., Psychemythos und Psychemärchen, in: Siegmund 1984, 92-102.

Swahn, J.-Ö., Tradierungskonstanten. Wie weit reicht unsere mündliche Tradition zurück?, in: Oberfeld 1990, 36-50.

Thompson, St., The Folktale, New York et al. o.J. (2/1951).

Thompson, St., Motif-Index of Folk-Literature. A Classification of Narrative Elements in Folktales, Ballads, Myths, Fables, Mediaeval Romances, Exempla, Fabliaux, Jest-Books and Local Legends, Copenhagen 2/1955-1958 (6 voll.).

Trenkner, S., The Greek Novella in the Classical Period, Cambridge 1958.

Uther, H.-J. (ed.), Märchen in unserer Zeit. Zu Erscheinungsformen eines populären Erzählgenres, München 1990.

Walsh, P. G., The Roman Novel. The 'Satyricon' of Petronius and the 'Metamorphoses' of Apuleius, Cambridge 1970.

Wehse, R., Uralt? Theorien zum Alter des Märchens, in: Oberfeld 1990, 10-27 und 236 sq.

Weinreich, O., Rez. B. Schweitzer, Herakles, in: PhW 44 (1924) 807-837 (= Ausgewählte Schriften II: 1922-1937, unter Mitarbeit von U. Klein ed. von G. Wille, Amsterdam 1973, 69-112).

Welcker, F. G., Griechische Götterlehre, vol. 1, Göttingen 1857.

Wesselski, A., Versuch einer Theorie des Märchens, Reichenberg i. B. 1931 (Prager Deutsche Studien 45).

Wiedemann, Th., Adults and Children in the Roman Empire, London 1989.

Woodhouse, W. J., The Composition of Homer's Odyssey, Oxford 1930.

Wright, J. R. G., Folk-Tale and Literary Technique in *Cupid and Psyche*, in: CQ NS 21 (1971) 273-284.

Zielinski, Th., Die Märchenkomödie in Athen, St. Petersburg 1885 (Besonderer Abdruck aus dem Jahresbericht der deutschen Schulen zu St. Annen für 1885).

# Index locorum und Konkordanz mit Bolte/Polívka

Aufgeführt werden nur die in Kapitel 4 eigens besprochenen Stellen aus der antiken Literatur, bloße Nennungen von Parallelstellen etc. bleiben außer Betracht. Die mit BP bezeichneten Stellen waren schon Bolte/Polívka (vol. 4, 41-47) bekannt.